Concert d'éloges à
du commentaire de
les enseignements d

The Second Coming of Christ:
The Resurrection of the Christ Within You [1]

« Cet ouvrage expose des idées saisissantes sur la signification profonde des enseignements de Jésus et sur leur unité essentielle avec le yoga, l'une des voies religieuses les plus anciennes et les plus méthodiques au monde pour atteindre l'union avec Dieu. [...] Il a été salué comme une œuvre d'une portée exceptionnelle par les spécialistes en religions comparées. » *(Los Angeles Times)*

« Un chef-d'œuvre de révélation spirituelle. [...] Tandis que Yogananda explore la vie de Jésus et le contexte dans lequel il vivait, cela devient évident que les Évangiles contiennent un message ésotérique universel qui était en attente d'une explication complète et méthodique depuis l'époque des apôtres. Dans le commentaire de Yogananda, ce qui était dissimulé, occulté ou insinué est désormais pleinement révélé. » *(**Yoga International**)*

« La publication de *The Second Coming of Christ*, de Paramahansa Yogananda, a tous les atouts d'un chef-d'œuvre qui fera date. [...] On y trouve des exposés grandioses faits d'universalité et de profondeur. C'est sans conteste une œuvre hors du commun. » *(**Dayton Daily News**)*

« Cette œuvre remarquable en deux volumes... *The Second Coming of Christ: The Resurrection of the Christ Within You* possède une perspicacité et une vision pénétrante qui peuvent aider les chrétiens à aborder leur foi de manière nouvelle. » *(**Kansas City Star**)*

« Dans un monde où dominent la haine, la violence, la colère et l'ignorance, la publication de l'ouvrage de Paramahansa Yogananda *The Second Coming of Christ: The Resurrection of the Christ Within You* arrive à point nommé pour combler les besoins de notre époque. » *(**India Post**)*

« Yogananda balaie les divisions et les approches dogmatiques accumulées autour des enseignements de Jésus et affirme qu'il est possible pour chaque individu – quelle que soit la tradition religieuse à laquelle il appartient – d'avoir la même relation avec le Divin que celle que Jésus avait. » *(**Sacred Pathways**)*

« Paramahansa Yogananda nous dévoile la vérité universelle de la réalisation du Soi cachée dans les Évangiles, laquelle est accessible à tout le monde et qui peut aider à unir toutes les religions dans une plus grande compréhension, et ce, bien au-delà des limites sectaires. Alors que nous connaissons aujourd'hui une crise mondiale, cet ouvrage peut transformer l'humanité s'il est sincèrement étudié et mis en pratique. » *(**David Frawley, directeur de l'Institut américain d'études védiques**)*

« Ce commentaire révélé... possède la même sagesse sincère et la même noble beauté que *Autobiographie d'un yogi*. Si pour une raison quelconque vous vous êtes éloigné du message de Jésus, Yogananda est le compagnon idéal pour vous éveiller à nouveau à sa signification profonde et à sa magnificence. » *(**Adyar Booknews** – Australie)*

---

[1] *(Le second avènement du Christ – La résurrection du Christ en vous)*, publié en anglais par la Self-Realization Fellowship en 2004.

Paramahansa Yogananda (1893 – 1952)

LE YOGA DE JÉSUS

Clés pour comprendre les enseignements cachés des Évangiles

Extraits choisis des écrits de

Paramahansa Yogananda

« Car voici, le royaume de Dieu est au-dedans de vous. »

Self-Realization Fellowship
FOUNDED 1920 BY PARAMAHANSA YOGANANDA

Titre original en anglais publié par la Self-Realization Fellowship,
Los Angeles, Californie, U.S.A. :

The Yoga of Jesus

ISBN-13: 978-0-87612-556-4

Traduit en français par la Self-Realization Fellowship

 Édition autorisée par le Conseil des Publications internationales de la Self-Realization Fellowship

Première édition en français, 2021
First edition in French, 2021

Impression 2021
This printing 2021

ISBN-13: 978-0-87612-873-2

1849-J6432

Note aux lecteurs

Les versets de la Bible dans l'édition originale anglaise du livre, *The Yoga of Jesus*, sont tirés de la King James Bible (Bible du roi Jacques). Pour la traduction française, ce sont les versets correspondants de la Bible Louis Segond version 1910 qui ont été choisis. Afin que ces derniers soient conformes aux versets en anglais de la King James Bible et au commentaire de Paramahansa Yogananda basé sur ceux-ci, des modifications dans la formulation de la Bible Louis Segond étaient nécessaires à certains endroits. Ces quelques modifications sont signalées dans le texte par un astérisque.

Afin d'aider les lecteurs qui ne seraient pas familiarisés avec les concepts et la terminologie du yoga et de la philosophie orientale, un glossaire est disponible à la fin du livre.

Ce glossaire permet de trouver facilement la définition de la plupart des termes qu'il est important de connaître pour comprendre l'analyse de l'enseignement de Jésus faite par Paramahansa Yogananda, tels que : la Conscience christique, le Saint-Esprit, le *Aum*, les mondes astral et causal, ainsi que les divers termes de yoga relatifs à l'expérience de la méditation et de la réalisation de Dieu.

Préface

- *Jésus a-t-il, à l'instar des anciens sages et des anciens maîtres de l'Orient, enseigné la méditation comme moyen d'entrer dans « le royaume des cieux » ?*

- *A-t-il existé des « enseignements ésotériques » donnés à ses proches disciples qui ont été perdus ou dissimulés au cours des siècles ?*

- *Jésus a-t-il réellement enseigné que tous les non-chrétiens sont exclus du royaume de Dieu ? Et une lecture littérale de l'Évangile permet-elle de sonder véritablement toute la profondeur de son message capital pour l'humanité ?*

C'est à ces questions et à d'autres que Paramahansa Yogananda répond, avec une compréhension empreinte de respect, une perspicacité et une vision sans précédent, dans *The Second Coming of Christ: The Resurrection of the Christ Within You*[1] (*Le second avènement du Christ – La résurrection du Christ en vous*). Ses conclusions s'accordent remarquablement avec les recherches menées actuellement par les spécialistes religieux contemporains sur la profonde dimension ésotérique et expérientielle des débuts du christianisme, comme le révèlent les « Évangiles gnostiques » et d'autres manuscrits, perdus depuis les IIe et IIIe siècles et récemment découverts.

Paramahansa Yogananda est reconnu comme étant le « père du yoga en Occident » et l'une des figures spirituelles les plus éminentes de notre époque. *The Second Coming of Christ* – l'ouvrage monumental qu'il consacra aux « enseignements originels de Jésus » – fut publié en anglais en 2004 et se compose de deux gros volumes (totalisant plus de 1700 pages). Conduisant le lecteur verset par verset à travers les quatre Évangiles, les 75 discours de ce livre traitent en profondeur de la véritable

[1] Publié par la Self-Realization Fellowship.

signification des paroles de Jésus, montrant qu'elles ne peuvent être pleinement comprises que lorsqu'elles sont examinées à la lumière de leur objectif initial : indiquer un chemin conduisant à faire l'expérience personnelle et directe du « royaume de Dieu qui est en vous ».

Annonçant la sortie de cet ouvrage d'une portée exceptionnelle, le *Los Angeles Times* du 11 décembre 2004 écrivait : « *The Second Coming of Christ : The Resurrection of the Christ Within You* expose des idées saisissantes sur la signification profonde des enseignements de Jésus et sur leur unité essentielle avec le yoga, l'une des voies religieuses les plus anciennes et les plus méthodiques au monde pour atteindre l'union avec Dieu [...] Ce livre se propose de retrouver ce que Yogananda estimait être des enseignements de première importance qui ont maintenant disparu du christianisme institutionnel. Parmi eux figure l'idée que tout chercheur spirituel peut connaître Dieu, non par le biais d'une simple croyance religieuse, mais en en faisant l'expérience directe au travers de la méditation yoguique. »

Une autre critique, publiée dans le magazine *Sacred Pathways* de décembre 2004, déclarait : « Yogananda balaie les divisions et les approches dogmatiques accumulées autour des enseignements de Jésus et affirme qu'il est possible pour chaque individu – quelle que soit la tradition religieuse à laquelle il appartient – d'avoir la même relation avec le Divin que celle que Jésus avait. [...] Il indique les méthodes de communion avec Dieu que Jésus enseigna à ses disciples directs, mais qui furent mises sous le boisseau au fil des siècles, et donne des explications sur des sujets tels que le Saint-Esprit, le baptême, la méditation, le pardon des péchés, la réincarnation, le ciel et l'enfer, et la résurrection. Ce faisant, il révèle l'unité sous-jacente existant entre les enseignements moraux et ésotériques de Jésus et l'ancestrale science indienne du yoga, de la méditation, et de l'union avec Dieu. »

Des experts dans les domaines de la religion, de l'histoire et de la médecine ont également salué cet ouvrage. Robert Ellwood, professeur émérite de religion à l'université de Californie du Sud a écrit : « Il s'agit là d'un de ces rares livres qui jettent des ponts entre les rives et peuvent réellement changer notre regard sur un personnage que l'on pensait bien connaître. »

«*The Second Coming of Christ* de Paramahansa Yogananda est l'une des analyses les plus importantes qui existent sur les enseignements de Jésus», selon le Dr Larry Dossey, auteur et chercheur réputé dans le domaine de la médecine holistique. Il ajoute: «Beaucoup d'interprétations des paroles de Jésus divisent les peuples, les cultures et les nations; leurs interprétations par Yogananda favorisent l'unité et la réconciliation, et c'est pourquoi elles sont d'une importance vitale pour le monde d'aujourd'hui.»

Le magazine *Yoga International* de mars 2005 débutait sa critique avec ces mots: «Le yoga s'est mondialisé au XXᵉ siècle. À présent, il semble probable que le fossé qui sépare les enseignements chrétiens et l'ancestrale science spirituelle de l'Inde va enfin être comblé au XXIᵉ siècle. Le nouvel ouvrage de Paramahansa Yogananda, *The Second Coming of Christ*, en fait la promesse, arguant que la division a toujours été superficielle. Les implications sont d'une importance énorme pour les pratiquants du yoga en Occident et pour la société de manière générale.»

Ce présent livre donne un premier aperçu des révélations exposées par Paramahansa Yogananda sur la science du yoga cachée dans les Évangiles. Cela est développé de manière bien plus détaillée dans l'ouvrage *The Second Coming of Christ*.

Qu'est-ce, en vérité, que le Yoga?

La plupart d'entre nous sommes accoutumés à chercher l'épanouissement à l'extérieur de nous-mêmes. Nous vivons dans un monde qui nous conditionne à croire que les accomplissements extérieurs peuvent nous donner tout ce que nous voulons. Pourtant, nos expériences nous montrent sans cesse qu'aucun élément extérieur ne peut pleinement assouvir la profonde aspiration que nous avons à l'intérieur de nous pour ce «quelque chose de plus».

Dans la majorité des cas, cependant, nous nous retrouvons à essayer d'atteindre ce qui semble toujours se trouver juste au-delà de notre portée. Nous sommes pris dans le *faire* plutôt que dans l'*être*, dans l'*action* plutôt que dans la *conscience*. Il nous est difficile d'imaginer un état de calme et de repos complets dans lequel les pensées et les sentiments ont cessé de danser dans un mouvement perpétuel. Pourtant, c'est grâce à un tel état de quiétude que nous pouvons atteindre un niveau de joie et de compréhension autrement inaccessible.

Il est écrit dans la Bible : « Restez tranquilles, et sachez que je suis Dieu. » Dans ces quelques mots se trouve la clé de la science du yoga. Cette ancestrale science spirituelle offre un moyen direct de calmer la turbulence naturelle des pensées et l'agitation du corps qui nous empêchent de savoir qui nous sommes vraiment.

D'ordinaire, notre conscience et nos énergies sont dirigées vers l'extérieur, vers les choses de ce monde, que nous percevons à travers les instruments limités de nos cinq sens. Parce que la raison humaine doit s'en remettre aux données partielles et souvent trompeuses fournies par les cinq sens, nous devons apprendre à entrer en contact avec des niveaux de conscience plus profonds et plus subtils si nous voulons résoudre les énigmes de la vie : *Qui suis-je? Pourquoi suis-je ici? Comment puis-je comprendre la Vérité?*

Le yoga est un processus simple permettant d'inverser le flux de l'énergie et de la conscience qui est d'ordinaire dirigé vers l'extérieur, de manière à ce que l'esprit ne soit non plus dépendant des sens faillibles, mais devienne un centre dynamique de perception directe, capable de faire véritablement l'expérience de la Vérité.

En mettant en pratique les méthodes progressives du yoga – ne prenant rien pour acquis sous l'influence de facteurs émotionnels ou d'une foi aveugle – nous en venons à connaître notre unité avec l'Intelligence, la Joie, le Pouvoir infinis qui donne vie à toutes choses et qui est l'essence de notre propre Soi [1].

Au cours des siècles passés, de nombreuses techniques supérieures de yoga furent mal comprises ou peu pratiquées, du fait de la connaissance limitée qu'avait l'humanité des forces qui gouvernent l'univers. Mais aujourd'hui, la recherche scientifique est en train de changer rapidement la vision que nous avons de nous-mêmes et du monde. La

---

[1] « Soi » est écrit avec une majuscule pour désigner l'âme, la véritable identité de l'homme, par opposition à l'ego ou pseudo-âme, le soi inférieur avec lequel l'homme s'identifie temporairement par ignorance de sa vraie nature.

conception matérialiste traditionnelle de la vie a disparu avec la découverte que la matière et l'énergie sont une en essence : toute substance existante peut être réduite à un schéma ou forme d'énergie, qui interagit et s'interconnecte avec d'autres formes. Certains des plus célèbres physiciens d'aujourd'hui font un pas supplémentaire, identifiant la *conscience* comme le fondement essentiel de tout être. Ainsi, la science moderne est en train de confirmer les antiques principes du yoga, qui proclament que l'unité imprègne l'univers.

Le mot *yoga* lui-même signifie « union » : union de la conscience individuelle ou âme avec la Conscience universelle ou Esprit. Bien que beaucoup de gens ne voient dans le yoga qu'un ensemble d'exercices physiques – les *asanas* ou postures qui sont devenues très populaires au cours des dernières décennies –, ceux-ci ne représentent en fait que l'aspect le plus superficiel de la science profonde du yoga qui permet de développer les potentiels infinis de l'âme et de l'esprit humains.

Voici diverses voies du yoga qui conduisent vers ce but, chacune d'elles étant une branche spécialisée d'un système complet :

Hatha Yoga : un ensemble organisé de postures physiques, ou *asanas*, dont l'objet supérieur est de purifier le corps et qui permet d'obtenir le contrôle conscient des états internes du corps pour le rendre apte à la méditation.

Karma Yoga : servir les autres, de manière désintéressée, comme faisant partie de notre Soi universel ; et accomplir toutes les actions sans s'attacher aux résultats et avec la conscience que Dieu est le véritable Auteur des actions.

Mantra Yoga : concentrer la conscience à l'intérieur de soi au moyen de *japa* ou la répétition de certains sons correspondant à des mots-racines universels qui représentent un aspect particulier de l'Esprit.

Bhakti Yoga : une totale et confiante dévotion pour Dieu, à travers laquelle on s'efforce de percevoir et d'aimer la divinité présente en chaque créature et en toute chose, restant ainsi dans un état d'adoration permanente.

Jnana Yoga : le chemin de la sagesse, qui met l'accent sur l'utilisation de l'intelligence discriminative, ou le discernement, pour atteindre la libération spirituelle.

Raja Yoga: la voie la plus élevée ou voie royale du yoga, organisée formellement en système au IIᵉ siècle av. J.-C. par le sage indien Patanjali; il combine l'essence de toutes les autres voies.

Au cœur du système du Raja Yoga, équilibrant et unifiant ces diverses approches, se trouve la pratique de méthodes scientifiques précises de méditation qui permettent d'avoir, dès le début, un aperçu du but ultime: l'union consciente avec l'Esprit immuablement bienheureux.

La méthode la plus rapide et la plus efficace pour atteindre le but du yoga utilise des techniques de méditation qui agissent directement sur l'énergie et la conscience. C'est cette approche directe qui caractérise le *Kriya Yoga* [1], cette forme particulière de méditation du Raja Yoga enseignée par Paramahansa Yogananda.

L'Écriture sacrée du yoga la plus aimée en Inde est la Bhagavad Gita. Elle propose un traité profond sur l'union avec Dieu et sur les prescriptions intemporelles pour obtenir le bonheur et un succès équilibré dans la vie quotidienne. Le fait que Jésus connaissait et enseignait la même science universelle de réalisation divine et les mêmes préceptes spirituels constitue la révélation que Paramahansa Yogananda a offert à l'humanité, ainsi qu'il est montré dans les pages de ce livre [2].

Un ouvrage aussi court que celui-ci ne peut fournir qu'un bref aperçu de l'unité profonde et exaltante qui existe entre les enseignements de Jésus le Christ et ceux du yoga. Les lecteurs qui se sentiront inspirés par cette sélection d'extraits trouveront une abondance de détails supplémentaires, ainsi qu'un enseignement pratique pour la vie de tous les

---

[1] «Le *Kriya* est une science très ancienne, écrivait Paramahansa Yogananda dans son *Autobiographie d'un yogi*. Lahiri Mahasaya la reçut de Babaji, son illustre guru, lequel redécouvrit et clarifia cette technique perdue depuis les premiers siècles du Moyen Âge. Babaji la renomma tout simplement *Kriya Yoga*.»

«Le *Kriya Yoga* que, par toi, je donne au monde en ce XIXᵉ siècle, dit Babaji à Lahiri Mahasaya, est la même science que Krishna enseigna à Arjuna voilà des millénaires et qui fut, par la suite, connue de Patanjali ainsi que du Christ, de saint Jean, de saint Paul et des autres disciples.»

[2] Un petit livre complémentaire, *The Yoga of the Bhagavad Gita: An Introduction to India's Universal Science of God-Realization*, a été publié en même temps que ce présent ouvrage. Il offre des extraits des enseignements complets de la Gita que l'on trouve dans le commentaire en deux volumes de Paramahansa Yogananda : *God Talks With Arjuna: The Bhagavad Gita*, qui a été unanimement salué par la critique.

jours, dans les deux volumes de *The Second Coming of Christ*. Comme Paramahansa Yogananda l'écrit dans l'introduction de cet ouvrage :

« Dans ces pages, j'offre au monde une interprétation spirituelle des paroles prononcées par Jésus, que j'ai perçue intuitivement ; ce sont des vérités qui m'ont été révélées grâce à une authentique communion avec la Conscience christique. Elles seront reconnues comme étant universellement vraies si elles sont étudiées consciencieusement et si elles font l'objet de méditations reposant sur l'éveil de la perception intuitive de l'âme. Elles dévoilent l'unité parfaite qui existe entre les révélations de la Bible chrétienne, de la Bhagavad Gita indienne, et de toutes les autres Écritures authentiques qui ont traversé les âges.

« Les sauveurs du monde ne viennent pas sur terre pour alimenter d'hostiles divisions doctrinales ; leurs enseignements ne devraient pas être utilisés dans ce but. Il y a quelque chose d'incorrect à faire référence au Nouveau Testament sous le nom de Bible "chrétienne", car elle n'appartient pas de manière exclusive à une quelconque confession religieuse. La vérité est destinée à bénir et à élever la race humaine dans son ensemble. La Conscience christique étant universelle, Jésus-Christ appartient à tous. »

Self-Realization Fellowship

PREMIÈRE PARTIE

———◆◆◆———

JÉSUS LE CHRIST :
UN AVATAR ET UN YOGI

———◆◆◆———

«Croyez-vous en la divinité du Christ?»
s'enquit un visiteur.

Paramahansa Yogananda répondit:
«Oui. J'aime parler de lui, car c'était
un homme qui avait atteint une parfaite
réalisation du Soi. Toutefois, ce n'était pas
le fils unique de Dieu, et il ne prétendait pas
non plus l'être. En revanche, il enseignait
clairement que ceux qui font la volonté de
Dieu deviennent, comme lui-même, un avec
Lui.

«N'était-ce pas la mission de Jésus sur
terre de rappeler à tous les hommes que
le Seigneur est leur Père céleste et de leur
montrer le chemin pour retourner à Lui?»

(Ainsi parlait Paramahansa Yogananda)

Un avatar nommé Jésus

Dieu Se manifeste dans des incarnations divines

Pour de simples mortels, le fait d'affronter une vie de mystères non résolus et insolubles, dans un univers impénétrable, constituerait vraiment un défi insurmontable sans la présence de messagers de Dieu, investis de Son autorité, venant sur terre pour porter la parole divine dans le but de guider l'humanité.

Il y a très longtemps, au cours de l'âge d'or de l'Inde antique, les *rishis* déclaraient que la Miséricorde divine, « Dieu avec nous », se manifestait sous forme d'incarnations divines ou d'avatars : Dieu incarné sur terre dans des êtres illuminés. [...]

Nombreux sont les porte-paroles de Dieu qui ont servi d'intermédiaires entre Dieu et l'homme, tels les *khanda avatars* ou incarnations semi-divines d'âmes qui connaissent Dieu. Moins communs sont les *purna avatars*, des êtres libérés qui ne font qu'un avec Dieu et qui reviennent sur terre pour accomplir une mission ordonnée par Dieu.

Dans la Bhagavad Gita, la Bible sacrée de l'Inde, le Seigneur déclare :

> « *Chaque fois que la vertu décline et que le vice prédomine, Je m'incarne sous la forme d'un avatar. Dans une forme visible, J'apparais d'époque en époque pour protéger les vertueux et détruire les pratiques malfaisantes, afin de rétablir la justice.* »

Ainsi, l'unique, l'infinie et glorieuse conscience de Dieu, la Conscience christique universelle, *Kutastha Chaitanya*, revêt un habit qui nous est familier et manifeste l'individualité d'une âme illuminée, dotée d'une personnalité distincte et d'une nature spirituelle adaptées à l'époque et au but de l'incarnation.

Sans cette intercession de l'amour de Dieu venu s'incarner sur terre à travers l'exemple, le message et les conseils de Ses avatars, il ne serait guère possible pour l'humanité tâtonnante de trouver le chemin qui conduit au royaume de Dieu parmi les miasmes obscurs de l'illusion terrestre, cette substance cosmique qui constitue l'habitat humain. De peur que Ses enfants plongés dans l'ignorance ne se perdent à jamais dans les labyrinthes trompeurs de la création, le Seigneur vient, encore et encore, sous la forme de prophètes divinement illuminés pour éclairer leur chemin. [...]

Jésus fut précédé par Gautama Bouddha, l'« Éveillé ». Cette incarnation divine vint rappeler à une génération oublieuse de prendre en considération le Dharma Chakra, la roue toujours en mouvement du karma, ou l'action entreprise par soi-même et ses effets qui rendent chaque être humain (et non un Dictateur cosmique) responsable de la situation dans laquelle il se trouve. Bouddha réintroduisit une spiritualité authentique au sein de la théologie aride et des rituels mécaniques dans lesquels l'antique religion védique de l'Inde était tombée après cet âge d'or où Bhagavan Krishna, le plus aimé des *avatars* de l'Inde, prêcha la voie de l'amour divin et de la réalisation divine à travers la pratique de la science spirituelle suprême du Yoga, l'union avec Dieu.

L'intercession divine destinée à atténuer la loi cosmique de cause à effet [le karma], par laquelle l'homme souffre de ses erreurs, se trouvait au cœur de la mission d'amour que Jésus vint accomplir sur terre. [...]

Jésus vint faire la démonstration du pardon et de la compassion de Dieu, dont l'amour constitue un refuge même face à une loi sévère.

Le bon berger des âmes ouvrit ses bras pour accueillir tous les hommes, sans rejeter quiconque, et, par son amour universel, il incita le monde à le suivre sur le chemin de la libération à travers l'exemple de son esprit de sacrifice, de renoncement, de pardon, d'amour pour ses amis comme pour ses ennemis, et de son amour suprême pour Dieu par-dessus tout.

Sous la forme du petit enfant dans l'étable de Bethléem, et en tant que Sauveur guérissant les malades, ressuscitant les morts et appliquant le baume de l'amour sur les blessures de l'erreur, le Christ en Jésus vécut parmi les hommes comme l'un d'eux, afin qu'eux aussi puissent apprendre à vivre comme des dieux.

La Conscience christique : unité avec l'Intelligence et la Béatitude infinies de Dieu qui imprègnent toute la Création

Pour comprendre toute la grandeur d'une incarnation divine, il est nécessaire de comprendre l'origine et la nature de la conscience qui s'incarne dans l'*avatar*.

Jésus parlait de cette conscience lorsqu'il proclamait : « Moi et le Père nous sommes un » (Jean 10, 30) et « Je suis dans le Père, et le Père est en moi » (Jean 14, 11). Ceux qui unissent leur conscience à Dieu connaissent la nature à la fois transcendante et immanente de l'Esprit : le caractère unique de la Béatitude toujours existante, toujours consciente et toujours nouvelle de l'Absolu incréé, ainsi que la myriade de manifestations de Son Être qui compose l'infinité de formes dans lesquelles Il S'incarne au sein du panorama de la création.

Il existe une différence caractéristique de signification entre *Jésus* et *Christ*. Son nom de baptême était Jésus et son titre honorifique était « Christ ». Dans son petit corps humain appelé Jésus naquit la vaste Conscience christique, l'Intelligence omnisciente de Dieu, présente dans chaque partie et chaque particule de la création.

L'univers n'est pas seulement le résultat d'une combinaison fortuite de forces vibratoires et de particules subatomiques, comme l'avancent les scientifiques matérialistes : une propagation fortuite de solides, de liquides et de gaz dans la terre, les océans, l'atmosphère, les plantes, toutes ces choses étant interconnectées harmonieusement pour fournir une demeure habitable aux êtres humains. Des forces aveugles ne peuvent pas s'organiser elles-mêmes en objets structurés de manière intelligente. De

La science découvre l'ordre intelligent

« L'émergence de la science a servi à étendre le champ des merveilles de la nature, si bien qu'aujourd'hui nous avons découvert l'ordre dans les replis les plus profonds de l'atome et au sein de la plus grande collection de galaxies », écrit Paul Davies, célèbre auteur et professeur de physique mathématique, dans *Evidence of Purpose: Scientists Discover the Creator* (New York : Continuum Publishing, 1994).

Le théoricien des systèmes, Ervin Laszlo, rapporte dans *The Whispering Pond: A Personal Guide to the Emerging Vision of Science* (Boston : Element Books, 1999) : « Le réglage minutieux de l'univers physique sur les paramètres de la vie constitue une série de coïncidences – s'il s'agit effectivement de coïncidences – [...] dans laquelle le moindre écart par rapport aux valeurs données entraînerait la fin de la vie, ou, plus exactement, créerait des conditions dans lesquelles la vie n'aurait jamais pu apparaître en premier lieu. Si le neutron n'était pas plus lourd que le proton dans le noyau de l'atome, la durée de vie active du Soleil et d'autres étoiles serait réduite à quelques centaines d'années ; si la charge électrique des électrons et des protons ne s'équilibrait pas précisément, toutes les configurations de la matière seraient instables et l'univers ne se composerait de rien de plus que de radiations et d'un mélange relativement uniforme de gaz. [...] Si la puissante force qui lie les particules d'un noyau n'était ne serait-ce qu'une fraction *plus faible* qu'elle ne l'est, le deutéron ne pourrait pas exister et les étoiles telles que le Soleil ne pourraient pas briller. Et si cette force était légèrement *plus puissante* qu'elle ne l'est, le Soleil et d'autres étoiles actives gonfleraient et exploseraient peut-être. [...] Les valeurs des quatre forces universelles [l'électromagnétisme, la gravité, et les forces nucléaires puissante et faible] étaient précisément telles que la vie a pu se développer dans le cosmos. »

Le Professeur Davies estime que si – comme certains scientifiques le maintiennent – il n'existait pas d'intelligence directrice inhérente et que l'évolution cosmique n'était gouvernée que par l'opération fortuite de lois strictement mécaniques, « le temps requis pour atteindre le niveau d'ordre que nous rencontrons aujourd'hui dans l'univers uniquement par des processus aléatoires serait de l'ordre d'au moins $10^{10^{80}}$ années » – un temps inconcevablement plus long que l'âge actuel de l'univers. Citant ces calculs, Laszlo observe avec ironie : « Un heureux hasard de cette magnitude est difficile à croire. » Et il conclut : « Devons-nous alors envisager la possibilité que l'univers qui est sous nos yeux soit le résultat du dessein intentionnel d'un maître d'œuvre omnipotent ? » *(Note de l'éditeur)*

même que l'intelligence humaine est nécessaire pour mettre de l'eau dans les petits compartiments carrés d'un bac à glaçons pour en faire des glaçons, nous voyons, à travers l'univers, dans l'évolution progressive des formes sous l'effet de la combinaison des vibrations, l'action d'une Intelligence immanente cachée.

Que pourrait-il y avoir de plus miraculeux que la présence évidente d'une Intelligence divine dans chaque atome de la création ? Comment est-il possible que l'arbre si puissant se forme à partir d'une minuscule graine ; que les innombrables mondes qui tournoient dans l'espace infini soient maintenus dans une danse cosmique réglée par l'ajustement précis des forces universelles ; que le corps humain merveilleusement complexe soit créé à partir d'une seule cellule microscopique, soit pourvu d'une intelligence consciente d'elle-même et soit nourri, guéri et animé par une puissance invisible ? Dans chaque atome de cet univers stupéfiant, Dieu ne cesse de produire des miracles ; pourtant, l'homme obtus les prend pour acquis.

Le Christ est l'Intelligence infinie de Dieu présente dans toute la création. Le Christ infini est le « fils unique » de Dieu le Père, l'unique pur reflet de l'Esprit dans le royaume créé. Cette Intelligence universelle, la *Kutastha Chaitanya* ou Conscience de Krishna des Écritures hindoues, fut pleinement manifestée dans l'incarnation de Jésus, de Krishna et d'autres êtres divins ; et elle peut se manifester également dans votre conscience.

Imaginez seulement ! Si vous passiez toute votre vie dans une seule pièce, sans avoir aucun contact ni aucune connaissance de ce qui se trouve derrière ses murs, vous diriez que votre monde se résume à cela. Mais si quelqu'un devait vous emmener dans le monde extérieur, vous réaliseriez combien votre « monde » était infinitésimal. La même chose se passe avec la perception de la Conscience christique. En comparaison, le périmètre couvert par la conscience mortelle reviendrait à observer uniquement la surface d'une graine de moutarde en excluant le reste du cosmos. La Conscience christique est l'Omniprésence, le Seigneur s'étendant sur chaque pore de l'espace infini et imprégnant chaque atome [1].

La conscience d'une fourmi est limitée aux sensations de son petit corps. La conscience d'un éléphant est étendue à l'ensemble de sa grosse carcasse, de sorte que dix personnes touchant dix parties différentes de son corps éveilleraient en l'éléphant une conscience simultanée de celui-ci. La Conscience christique... s'étend jusqu'aux confins de toutes les régions vibratoires.

L'intégralité de la création vibratoire est une extériorisation de l'Esprit. L'Esprit omniprésent Se cache dans la matière vibratoire, tout comme l'huile est cachée dans l'olive. Lorsque l'olive est pressée, de minuscules gouttes d'huile apparaissent à sa surface ; de même, l'Esprit, en tant qu'âmes individuelles, émerge graduellement de la matière par un processus d'évolution. L'Esprit S'exprime sous la forme de beauté et de pouvoir magnétique et chimique dans les minéraux et les pierres précieuses ; sous la forme de beauté et de vie dans les plantes ; sous la forme de beauté, de vie, de puissance, de mouvement et de conscience chez les animaux ; sous la forme de compréhension et de pouvoirs croissants chez l'homme ; et retourne à nouveau à l'Omniprésence chez le surhomme [2].

Chaque phase d'évolution manifeste ainsi l'Esprit divin dans une mesure accrue. L'animal est libéré de l'inertie des minéraux et de la fixité des plantes pour pouvoir, grâce à sa capacité de mouvement et à une conscience sensible, connaître une plus grande portion de la création divine. L'homme, grâce à la conscience qu'il a de lui-même, comprend

---

[1] Voir aussi page 26 et suivantes. Dans la création, la force contraire qui produit la disharmonie, la maladie, la séparation et l'ignorance est personnifiée dans la Bible par Satan. Dans la philosophie yoguique, cette force trompeuse est appelée *Maya* ou *Apara-Prakriti*. Une explication complète est donnée par Paramahansa Yogananda dans *The Second Coming of Christ: The Resurrection of the Christ Within You.*

[2] Dans la philosophie du yoga, il est fait référence à ces cinq phases d'évolution sous le nom de *koshas*, « enveloppes » qui sont progressivement retirées au fur et à mesure que la création, au cours de son évolution, retourne de la matière inerte au pur Esprit. Voir *God Talks With Arjuna: The Bhagavad Gita*, page 63 et suivantes, commentaire ch. I, 4-6. *(Note de l'éditeur)*

en plus les pensées de ses congénères et peut projeter son esprit sensoriel dans l'espace constellé d'étoiles, au moins par le pouvoir de son imagination.

Le surhomme étend son énergie vitale et sa conscience du corps à l'espace tout entier, et ressent véritablement comme faisant partie de lui-même tous les univers présents dans le vaste cosmos, aussi bien que chaque minuscule atome de la terre. Le surhomme reconquiert l'omniprésence perdue de l'Esprit, laquelle fait partie des attributs de l'âme en tant qu'Esprit individualisé. [...]

La conscience de Jésus se répandit de la périphérie de son corps aux confins de toute création finie dans la région vibratoire de la manifestation : la sphère de l'espace et du temps englobant les univers planétaires, les étoiles, la Voie lactée, et la petite famille de notre système solaire dont fait partie notre terre, sur laquelle le corps physique de Jésus n'était qu'un grain de sable. L'homme Jésus, minuscule particule sur la terre, devint Jésus le Christ, dont la conscience imprégnait toutes choses en unité avec la Conscience christique.

L'enseignement fondamental de Jésus : comment devenir un Christ

Dieu œuvre dans la création pour amener tous les êtres à retrouver l'unité consciente avec Lui, à travers l'incitation à évoluer émanant de l'Intelligence christique. [...] Lorsque la souffrance prédomine sur terre, Dieu répond à l'appel que Ses fidèles Lui adressent du fond de leur âme en leur envoyant un fils divin qui, en exprimant la Conscience christique par sa vie spirituelle exemplaire, peut enseigner aux hommes à coopérer avec l'œuvre de salut qu'Il accomplit dans leur vie.

C'est de cette Conscience infinie, remplie de félicité et d'amour divins, dont saint Jean parlait lorsqu'il disait : « Mais à tous ceux qui l'ont reçue [la Conscience christique], elle a donné le pouvoir de devenir fils de Dieu. » Ainsi, selon le propre enseignement de Jésus, tel qu'il a été consigné par son apôtre le plus avancé, Jean, toutes les âmes qui s'unissent à la Conscience christique par la réalisation intuitive du Soi sont appelées à juste titre fils de Dieu.

On ne reçoit pas le Christ par le simple fait d'appartenir à une église, ni par le rituel extérieur consistant à reconnaître Jésus comme son sauveur sans jamais le connaître vraiment en le contactant dans la méditation. Connaître le Christ signifie fermer les yeux, élargir sa conscience et approfondir sa concentration à tel point qu'à travers la lumière intérieure de l'intuition de l'âme on expérimente le même état de conscience qu'avait Jésus.

Saint Jean et d'autres disciples avancés de Jésus qui « recevaient » vraiment le Christ, le percevaient comme la Conscience christique présente dans chaque atome de l'espace. Un véritable chrétien – un avec le Christ – est celui qui libère son âme de la conscience corporelle et l'unit à l'Intelligence christique qui imprègne toute la création.

Une petite coupe ne peut pas contenir en elle un océan. De même, la coupe de la conscience humaine, limitée par les instruments physiques et mentaux qui nous permettent de percevoir la matière, est incapable d'embrasser la Conscience christique universelle, quel que puisse être notre désir d'y parvenir. Grâce à la science définie de la méditation, connue depuis des millénaires des yogis et des sages de l'Inde, comme aussi de Jésus, toute personne qui recherche Dieu peut élargir l'étendue de sa conscience jusqu'à l'omniscience, afin de recevoir en elle l'Intelligence universelle de Dieu.

Le pouvoir divin de la réalisation christique est une expérience intérieure ; il peut être obtenu grâce à une dévotion sans mélange pour Dieu et pour le Christ, en tant que pur reflet de Dieu. Le pouvoir de l'église et du temple disparaîtra. La véritable spiritualité viendra des temples des grandes âmes qui demeurent jour et nuit dans l'extase divine. Des âmes comme cela, j'en ai vues en Inde surpasser la gloire de tous les temples. Souvenez-vous, le Christ recherche les temples des véritables âmes. Il aime le paisible autel de dévotion qui se dresse dans votre cœur et où vous demeurez avec lui, dans ce sanctuaire qui rayonne de la lumière vigilante de votre amour. Ceux qui méditent avec dévotion recevront le Christ sur l'autel de la paix de leur propre conscience.

En intitulant cet ouvrage *The Second Coming of Christ*[1] (*Le second avènement du Christ*), je ne fais pas référence à un retour littéral de Jésus sur terre. Il est venu il y a deux mille ans et, après avoir indiqué un chemin universel pour atteindre le royaume de Dieu, il a été crucifié et est ressuscité ; l'accomplissement de ses enseignements ne nécessite pas qu'il réapparaisse devant les foules. En revanche, ce qui *est* nécessaire, c'est que la sagesse cosmique et la perception divine de Jésus parlent à nouveau à chacun de nous à travers sa propre expérience et sa propre compréhension de la Conscience christique infinie qui était incarnée en Jésus. Ceci constituera son véritable second avènement.

Les véritables fidèles du Christ sont ceux qui, au travers de la méditation et de l'extase, embrassent dans leur propre conscience la sagesse et la félicité cosmiques omniprésentes de Jésus-Christ. [...] Les fidèles qui veulent être de vrais chrétiens, plutôt que de simples membres de l'églisianisme, doivent connaître le Christ omniprésent et ressentir réellement Sa présence à chaque instant ; ils doivent communier avec Lui dans l'extase et se laisser guider par Sa Sagesse infinie.

Ces enseignements ont été donnés à l'humanité pour faire connaître la vérité telle que Jésus voulait que le monde la connaisse. Leur objectif n'est pas d'apporter un nouveau christianisme, mais de donner le véritable enseignement christique : comment devenir semblable au Christ, comment ressusciter le Christ éternel à l'intérieur de son propre Soi.

---

[1] Il s'agit de l'ouvrage complet de Paramahansa Yogananda dont est tiré *Le Yoga de Jésus*.

CHAPITRE 2

Jésus et le Yoga

La continuité avec laquelle Dieu transmet Sa parole à travers Ses avatars [fut] magnifiquement symbolisée par l'échange spirituel qui eut lieu entre Jésus à sa naissance et les Mages venus de l'Inde pour honorer son incarnation.

Il existe une tradition très vivace en Inde, transmise au travers d'histoires habilement racontées et de manuscrits anciens faisant autorité parmi les grands métaphysiciens, selon laquelle les Mages de l'Orient qui firent le voyage pour voir l'enfant Jésus à Bethléem étaient en fait de grands sages de l'Inde. Non seulement ces maîtres indiens vinrent à Jésus, mais ce dernier leur rendit visite à son tour.

Durant les années manquantes de sa vie – la Bible garde le silence à son sujet depuis approximativement l'âge de 14 ans jusqu'à l'âge de 30 ans –, Jésus se rendit en Inde, empruntant probablement l'axe commercial communément utilisé qui reliait la Méditerranée à la Chine et à l'Inde.

Sa réalisation divine personnelle ayant été réveillée et renforcée au contact des maîtres et de l'environnement spirituel de l'Inde, Jésus fit de l'universalité de la vérité la base de son enseignement. À partir de là, il put prêcher un message simple et direct, compréhensible pour le peuple de son pays natal, mais qui contenait des significations plus cachées, lesquelles seraient plus tard appréciées par les générations futures, lorsque l'esprit humain, qui était alors au stade de l'enfance, aurait mûri et gagné en compréhension.

Les « années manquantes » de la vie de Jésus

Dans le Nouveau Testament, un rideau de silence tombe sur la vie de Jésus après sa douzième année, pour ne plus se lever pendant dix-huit ans, jusqu'au moment où il reçoit le baptême de Jean et commence à prêcher à la multitude. On nous dit seulement : « *Et Jésus croissait en sagesse, en stature, et en grâce, devant Dieu et devant les hommes* » (Luc 2, 52).

Le fait que les contemporains d'un personnage aussi exceptionnel ne trouvèrent rien de remarquable à consigner sur la période allant de son enfance jusqu'à sa trentième année est en soi étonnant.

Des comptes rendus remarquables existent cependant, non pas dans le pays où naquit Jésus, mais plus à l'est, là où il passa la plupart des années manquantes de sa vie. En effet, des archives d'une valeur inestimable se trouvent cachées dans un monastère tibétain. Elles parlent d'un saint Issa d'Israël « en qui était manifestée l'âme de l'univers » ; qui de l'âge de quatorze ans à l'âge de vingt-huit ans était en Inde et dans les régions de l'Himalaya parmi les saints, les moines et les érudits ; qui prêcha son message dans toute cette région avant de retourner enseigner dans sa contrée natale, où il fut traité de manière infâme, condamné et mis à mort. Si l'on excepte les chroniques de ces anciens manuscrits, aucun autre récit des années inconnues de la vie de Jésus n'a jamais été publié.

De manière providentielle, ces anciens documents furent découverts et copiés [dans le monastère de Himis, au Tibet] par un voyageur russe, Nicolas Notovitch. […] Il publia ses notes lui-même en 1894 sous le titre *La vie inconnue de Jésus-Christ.* […]

En 1922, Swami Abhedananda, disciple direct de Ramakrishna Paramahansa, visita le monastère de Himis et confirma tous les détails remarquables concernant Issa publiés dans le livre de Notovitch.

Nicolas Roerich, lors d'une expédition en Inde et au Tibet au milieu des années 1920, vit et copia des versets d'anciens manuscrits qui étaient identiques, ou du moins identiques dans leur contenu, à ceux publiés par Notovitch. Il fut également profondément impressionné par les traditions orales de cette région : « C'est à Srinagar que nous avons d'abord entendu parler de la surprenante légende selon laquelle le Christ

L'Inde, mère de la religion

Une profusion d'éléments prouvant la primauté de la culture spirituelle indienne dans le monde antique est présentée par Georg Feuerstein, Subhash Kak et David Frawley dans *In Search of the Cradle of Civilization: New Light on Ancient India* (Wheaton, Ill.: Quest Books, 1995) : « Le vieux dicton *ex oriente lux* ("la lumière vient de l'Orient") n'est pas un cliché, car le flambeau de la civilisation, en particulier la sagesse éternelle au cœur de la tradition sacrée, a été transmis par l'hémisphère oriental. [...] Les créations moyen-orientales du judaïsme et du christianisme, qui, dans une large mesure, ont donné à notre civilisation sa forme actuelle, furent influencées par des idées nées dans des pays situés beaucoup plus à l'Est, notamment l'Inde. »

Les Écritures de l'Inde « constituent la philosophie et la psychologie les plus anciennes de notre race qui subsistent encore » affirme le célèbre historien Will Durant dans *Our Oriental Heritage (The Story of Civilization,* Part I [1]). Robert C. Priddy, professeur d'histoire de la philosophie à l'Université d'Oslo, a écrit dans *On India's Ancient Past* (1999) : « Le passé de l'Inde est si ancien et a exercé une telle influence dans l'émergence de la civilisation et des religions, tout au moins pour la quasi-totalité des habitants du Vieux Monde, que la plupart des peuples peuvent réellement le revendiquer comme étant le composant le plus ancien de leur propre odyssée. [...] La mère de la religion, la tradition védique, qui a offert les enseignements spirituels les plus anciens au monde, contient la plus sublime et la plus universelle des philosophies. »

Dans son ouvrage en deux volumes intitulé *India and World Civilization* (Michigan State University Press, 1969), l'historien D. P. Singhal recueille une abondante documentation concernant le rôle de la culture spirituelle de l'Inde dans le monde antique. Il décrit l'exhumation d'un vase près de Bagdad qui conduisit les chercheurs à la conclusion que « au milieu du IIIe millénaire av. J.-C., un culte indien était déjà pratiqué en Mésopotamie. [...] L'archéologie a ainsi démontré que, deux mille ans avant les premiers textes en écriture cunéiforme qui témoignent de l'existence de contacts avec l'Inde, l'Inde envoyait ses produits artisanaux vers le pays où se situent les racines de la civilisation occidentale ». *(Note de l'éditeur)*

---

[1] Publié en français sous le titre *Histoire de la civilisation* de Will Durant. Tome 1 : *Notre héritage oriental.* Éditions Rencontre (1962).

aurait visité ce lieu. Ensuite, nous avons vu combien était répandue en Inde, dans le Ladakh et en Asie Centrale, la légende de la venue du Christ dans ces parties du monde au cours de sa longue absence citée dans l'Évangile. »

L'Inde est la mère de la religion. Sa civilisation a été reconnue comme étant bien plus ancienne que la civilisation légendaire de l'Égypte. Si vous étudiez ces choses, vous verrez combien les anciennes Écritures de l'Inde, antérieures à toutes les autres révélations, ont influencé le Livre des morts de l'Égypte, l'Ancien et le Nouveau Testaments de la Bible, ainsi que les autres religions. Toutes ont été en contact avec la religion de l'Inde et ont puisé à sa source, parce que l'Inde s'était spécialisée dans la religion depuis des temps immémoriaux.

C'est pour cela que Jésus lui-même s'en alla en Inde ; le manuscrit de Notovitch nous dit : « Issa quitta clandestinement la maison paternelle, sortit de Jérusalem et, dans une caravane de marchands, se dirigea vers le Sindh, dans le but de se perfectionner dans la parole divine et d'étudier les lois des grands Bouddhas [1]. »

Cela ne signifie pas que Jésus enseigna uniquement ce qu'il apprit de ses mentors et maîtres spirituels rencontrés en Inde et dans les régions environnantes. Les avatars viennent sur terre avec leur propre don de sagesse. Son séjour chez les pandits hindous, les moines bouddhistes, et en particulier chez les grands maîtres du yoga qui l'initièrent dans la science ésotérique permettant de s'unir à Dieu au travers de la méditation, ne servit qu'à réveiller et à modeler le bagage de réalisation divine dont disposait Jésus afin de l'adapter à sa mission particulière. Des connaissances, qu'il avait glanées çà et là, et de la sagesse qu'il faisait surgir de son âme grâce à la méditation profonde, il élabora pour les foules des paraboles simples présentant les principes idéaux par lesquels on peut

---

[1] Cf. la traduction de Swami Abhedananda de ce verset tibétain : « À ce moment, son grand désir était d'atteindre la complète réalisation de la divinité et d'apprendre la religion aux pieds de ceux qui ont atteint la perfection par le biais de la méditation » (*Journey into Kashmir and Tibet*).

gouverner sa vie en accord avec la volonté de Dieu. Mais à ses proches disciples qui étaient prêts à les recevoir, il enseigna des mystères plus profonds, tels ceux qui sont présentés dans le Nouveau Testament, dans le livre de l'Apocalypse de saint Jean, dont la symbolique s'accorde exactement avec la science du Yoga de la réalisation de Dieu. *[Voir page 37]*

Les documents découverts par Notovitch apportent une preuve historique propre à étayer ce que j'affirme depuis longtemps et que j'ai recueilli un peu partout lors de mes toutes premières années en Inde, à savoir que Jésus fut mis en relation avec les *rishis* de l'Inde par l'intermédiaire des Mages qui se rendirent à son berceau, et que lui-même alla à son tour rencontrer en Inde pour s'entretenir avec eux de sa mission mondiale et recevoir leurs bénédictions. Son enseignement, né intérieurement de sa réalisation divine et nourri extérieurement par les études qu'il fit auprès des maîtres, exprime l'universalité de la Conscience christique, qui ne connaît aucune limite de race ou de croyance ; c'est ce que je vais m'employer à prouver tout au long des pages de ce livre.

De même que le soleil, qui se lève à l'Est et voyage vers l'Ouest en répandant ses rayons, le Christ naquit en Orient et vint en Occident pour y devenir l'objet de vénération dans une vaste chrétienté dont les fidèles le considèrent comme leur propre guru et sauveur. Ce n'est pas par hasard que Jésus choisit d'être un Christ oriental et de naître en Palestine. Ce pays était le centre qui reliait l'Orient à l'Europe. Il alla en Inde pour honorer les liens qui l'unissaient aux *rishis* de ce pays, prêcha son message à travers toute cette région, avant de revenir répandre ses enseignements en Palestine, qu'il voyait, dans sa grande sagesse, comme étant la porte par laquelle son esprit et ses paroles feraient leur chemin vers l'Europe et le reste du monde. Ce Christ sublime, faisant rayonner vers l'Occident la force et la puissance spirituelles de l'Orient, est un trait d'union divin destiné à unir les peuples épris de Dieu en Orient comme en Occident.

La vérité n'est pas le monopole de l'Orient ou de l'Occident. Les purs rayons dorés et argentés du soleil apparaissent rouges ou bleus lorsqu'on les observe à travers du verre rouge ou du verre bleu. De même, la vérité n'apparaît différente que lorsqu'elle est colorée par une civilisation

orientale ou occidentale. Si on considère la simple essence de la vérité exprimée par les grandes âmes des diverses époques et contrées, on
trouve très peu de différences dans leurs messages respectifs. Ainsi, j'ai
pu constater que je retrouve les mêmes vérités dans les enseignements de
Jésus le Christ que dans ce que j'ai appris de mon Guru et des maîtres
vénérés de l'Inde.

Les enseignements perdus des Évangiles

Le message du Christ a été très mal compris de par le monde. Même
les principes les plus élémentaires de ses enseignements ont été désacrali-
sés, et leur portée ésotérique a été oubliée. Ils ont été crucifiés aux mains
du dogme, des préjugés et d'une compréhension étriquée. Des génocides
ont été commis, des gens ont été brûlés comme sorciers ou hérétiques,
au nom de la présumée autorité des doctrines chrétiennes qui n'étaient
qu'une création de l'homme. Comment sauver ces enseignements immortels des mains de l'ignorance ? Nous devons connaître Jésus en tant
que Christ oriental, un yogi suprême qui manifestait la pleine maîtrise
de la science universelle de l'union avec Dieu et qui pouvait ainsi parler
et agir en tant que sauveur avec la voix et l'autorité de Dieu. Jésus a été
trop occidentalisé.

Jésus était un Oriental, de par sa naissance, son sang et sa formation.
Séparer un maître du contexte de sa culture d'origine, c'est brouiller la
compréhension à travers laquelle il est perçu. Quoi que Jésus ait été lui-
même, en ce qui concerne sa propre âme, étant né et ayant grandi en
Orient, il devait se servir de la civilisation, des coutumes, de la langue,
des paraboles et des traits de comportement orientaux pour répandre
son message. Il en résulte que pour comprendre Jésus-Christ et ses enseignements, il est nécessaire de considérer avec attention le point de vue
oriental – en particulier les civilisations ancienne et actuelle de l'Inde, ses
Écritures religieuses, ses traditions, ses philosophies, ses croyances spirituelles et ses expériences métaphysiques intuitives. Cependant, si on les
étudie du point de vue ésotérique, les enseignements de Jésus sont universels ; tout en étant saturés de l'essence de la culture orientale et enracinés
dans des influences de l'Orient, ils ont été adaptés au monde occidental.

Les Évangiles gnostiques : le christianisme perdu ?

À travers la remarquable découverte de textes gnostiques du christianisme primitif à Nag Hammadi, en Égypte, en 1945, il est possible d'obtenir un aperçu de ce que perdit le christianisme conventionnel durant le processus d'« occidentalisation ». Elaine Pagels écrit dans *Les évangiles secrets* (Éditions Gallimard, Paris, 1982) :

« Les textes de Nag Hammadi, et autres semblables, qui circulaient au début de l'ère chrétienne, furent dénoncés comme hérétiques par les chrétiens orthodoxes vers le milieu du second siècle. [...] Pourtant, les auteurs de ces textes et ceux qui les répandaient ne se considéraient pas *eux-mêmes* comme hérétiques. La plupart font usage d'une terminologie chrétienne, indubitablement héritée du judaïsme. Nombreux ceux qui, au sujet de Jésus, se réclament de traditions secrètes cachées au "grand nombre" qui constitue ce qui, au IIe siècle, en vint à être appelée l'"Église catholique". Ce sont ces chrétiens qu'on appelle aujourd'hui gnostiques, du mot grec *gnosis*, généralement traduit par "connaissance". Car, de même que ceux qui disent ne rien savoir des réalités dernières sont appelés agnostiques (littéralement, "ceux qui ne savent pas"), de même celui qui prétend en connaître est appelé gnostique ("celui qui sait"). Mais *gnosis* n'implique pas fondamentalement une connaissance rationnelle. [...] De l'usage qu'en font les gnostiques, nous pourrions traduire *gnosis* par "perception intime", car le mot implique un processus intuitif de connaissance de soi-même. [...] [Selon les maîtres gnostiques,] se connaître soi-même, au plus profond, c'est en même temps connaître Dieu ; là est le secret de la *gnosis*. [...]

« Le "Jésus vivant" dont il est question dans ces textes parle d'illusion et d'illumination intérieure, non de péché et de repentir, comme le Jésus du Nouveau Testament. Au lieu d'être venu nous sauver du péché, il vient comme guide pour donner accès à la compréhension spirituelle. [...]

« Les chrétiens orthodoxes croient que Jésus est Seigneur et Fils de Dieu d'une façon unique : il demeure à jamais distinct du reste de l'humanité qu'il est venu sauver. Malgré cela, l'*Évangile* (gnostique) *selon Thomas* rapporte qu'aussitôt que Thomas l'a reconnu, Jésus lui dit qu'ils ont tous deux reçu l'existence de la même source : "Je ne suis pas ton maître, puisque tu as bu, tu t'es enivré à la source bouillonnante que, moi, j'ai mesurée. [...] Celui qui s'abreuvera à ma bouche deviendra comme moi, et moi aussi, je deviendrai comme lui et les choses cachées se révéleront à lui."

« N'est-il pas vrai que cet enseignement – l'identité du divin et de l'humain, l'intérêt porté à l'illusion et à l'illumination, le fait de présenter celui sur qui tout est fondé non comme Seigneur, mais comme guide spirituel – rappelle davantage l'Orient que l'Occident? [...] Se pourrait-il que la tradition hindoue ou bouddhique ait influencé la gnose? [...] Quoi qu'il en soit, des idées que nous associons aux religions orientales apparaissent en Occident au cours du Ier siècle dans le mouvement gnostique, mais elles furent écartées et condamnées par des polémistes comme Irénée.» *(Note de l'éditeur)*

Les Évangiles peuvent être correctement compris à la lumière des enseignements de l'Inde. Bien sûr, je ne me réfère pas là aux interprétations déformées de l'hindouisme, remplies de castes et d'idolâtrie, mais à la sagesse philosophique des *rishis* visant au salut de l'âme : le noyau, et non la gangue, des Védas, des Upanishads et de la Bhagavad Gita. Cette essence de la Vérité – le *Sanatana Dharma* ou les principes éternels de l'harmonie qui soutiennent l'homme et l'univers – fut donnée au monde des milliers d'années avant l'ère chrétienne et préservée en Inde avec une remarquable vitalité spirituelle qui a fait de la quête de Dieu l'élément central de la vie et non un passe-temps de salon.

La science universelle de la religion

La réalisation personnelle de la vérité est la science sous-jacente à l'ensemble des sciences. Mais pour la plupart des personnes, la religion a régressé jusqu'à n'être plus qu'une simple affaire de croyance. L'une croit au catholicisme, une autre dans l'une des confessions protestantes, d'autres affirment avec conviction que la religion juive, hindoue, musulmane ou bouddhiste est la véritable voie. La science de la religion identifie les vérités universelles communes à toutes les religions – car ces vérités sont à la base de chacune d'elles – et enseigne comment, au travers de leur application pratique, les personnes peuvent construire leur vie selon le Plan divin. L'enseignement indien du *Raja Yoga*, la science « royale » de l'âme, supplante l'orthodoxie de la religion en établissant de manière systématique la pratique de ces méthodes qui sont universellement nécessaires au perfectionnement de chaque individu, sans distinction de race ni de croyance.

Ce qui est nécessaire, c'est de réunir la science de la religion et l'esprit, ou l'inspiration, de la religion – de réunir l'ésotérique et l'exotérique. La science du yoga enseignée par le Seigneur Krishna, qui fournit des méthodes pratiques permettant d'atteindre la véritable expérience intérieure de Dieu (et ainsi de supplanter la faible espérance de vie des croyances), et l'esprit d'amour et de fraternité christiques prêché par Jésus (la seule panacée capable de vraiment empêcher le monde de se déchirer au nom de différences irréconciliables) constituent tous deux la même et unique vérité universelle, enseignée par ces deux Christs de l'Orient et de l'Occident.

Les sauveurs du monde ne viennent pas sur terre pour alimenter d'hostiles divisions doctrinales ; et leurs enseignements ne devraient pas être utilisés dans ce but. Il y a quelque chose d'incorrect à faire référence au Nouveau Testament sous le nom de Bible « chrétienne », car elle n'appartient pas de manière exclusive à une quelconque confession religieuse. La vérité est destinée à bénir et à élever la race humaine dans son ensemble. La Conscience christique étant universelle, Jésus-Christ appartient à tous.

Bien que j'insiste sur le fait que le message du Seigneur Jésus dans le Nouveau Testament et la science yoguique de l'union avec Dieu décrite par Bhagavan Krishna dans la Bhagavad Gita constituent la voie royale menant à la réalisation divine, j'honore les diverses expressions de la vérité émanant du Dieu unique à travers les Écritures de Ses divers messagers.

La vérité est en elle-même et d'elle-même la « religion » ultime. Quoique la vérité puisse être exprimée de manières différentes par les religions en « isme », celles-ci ne peuvent en donner le fin mot. Elle possède des manifestations et des ramifications infinies, mais ne peut être réalisée que d'une seule manière : par l'expérience directe de Dieu, l'unique Réalité.

Le cachet que l'homme appose pour indiquer l'affiliation religieuse n'a que peu d'importance. Ce n'est pas la confession religieuse dans laquelle son nom est enregistré ni la culture ou la foi dans laquelle on est né qui apportent le salut. L'essence de la vérité dépasse toute forme extérieure. C'est cette essence qui est primordiale pour comprendre Jésus et son appel universel s'adressant à toutes les âmes : l'invitation à entrer dans le royaume de Dieu qui est « au-dedans de nous ».

Nous sommes tous des enfants de Dieu, depuis notre conception et pour toute l'éternité. Les différences sont engendrées par les préjugés, et les préjugés sont les enfants de l'ignorance. Nous ne devrions pas nous identifier fièrement en tant qu'Américains, Indiens, Italiens ou toute autre nationalité, car il ne s'agit là que d'un accident de naissance. Par-dessus tout, nous devrions être fiers d'être des enfants de Dieu, faits à Son image. N'est-ce pas là le message du Christ ?

Jésus le Christ est un excellent modèle à suivre à la fois pour l'Orient et pour l'Occident. L'empreinte divine « fils de Dieu » est cachée en chaque âme. Jésus confirma les Écritures : « Vous êtes des dieux. »

Ôtez les masques ! Affirmez-vous ouvertement en tant que fils de Dieu – non par de creuses proclamations et des prières apprises par cœur, ces sermons pleins d'artifices ciselés par l'intellect et calculés pour louer Dieu et rassembler des convertis, mais par la *réalisation* ! Identifiez-vous non à la bigoterie étroite d'esprit et déguisée en sagesse, mais à la Conscience christique. Identifiez-vous à l'Amour universel, exprimé au service de tous, à la fois matériellement et spirituellement ; alors, vous saurez qui était Jésus-Christ, et vous pourrez dire en votre âme que nous faisons partie d'une seule famille, que nous sommes tous fils du Dieu Unique !

« *J'apprécie vos enseignements. Mais êtes-vous chrétien ?* » *La personne qui posait cette question parlait pour la première fois avec Paramahansaji. Le Guru répondit :*

« *Le Christ ne nous a-t-il pas dit : "Ceux qui me disent : Seigneur, Seigneur ! n'entreront pas tous dans le royaume des cieux, mais celui-là seul qui fait la volonté de mon Père qui est dans les cieux."* ?

« *Dans la Bible, le mot païen désigne un idolâtre : quelqu'un dont l'attention est centrée non sur le Seigneur mais sur les attraits du monde. Un matérialiste peut aller à l'église tous les dimanches et n'en demeurer pas moins un païen. Celui qui garde toujours allumée la lampe du souvenir du Père céleste et qui obéit aux préceptes de Jésus est un chrétien.* »

Il ajouta : « *C'est à vous de décider si je suis un chrétien ou pas.* »

(Ainsi parlait Paramahansa Yogananda)

CHAPITRE 3

Les enseignements ésotériques de Jésus le yogi
Comment toute âme peut atteindre la Conscience christique

L'importance du Consolateur ou Saint-Esprit

« Si vous m'aimez, gardez mes commandements. Et moi, je prierai le Père, et il vous donnera un autre Consolateur, afin qu'il demeure éternellement avec vous, l'Esprit de vérité, que le monde ne peut recevoir, parce qu'il ne le voit point et ne le connaît point ; mais vous, vous le connaissez, car il demeure avec vous, et il sera en vous. Je ne vous laisserai pas orphelins. [...]

« Mais le Consolateur, le Saint-Esprit*, que le Père enverra en mon nom, vous enseignera toutes choses, et vous rappellera tout ce que je vous ai dit.

« Je vous laisse la paix, je vous donne ma paix. Je ne vous donne pas comme le monde donne. Que votre cœur ne se trouble point, et ne s'alarme point » (Jean 14, 15-18, 26, 27).

Aujourd'hui, cette même admonition que Jésus fit à ses disciples proches s'applique toujours. Si un fidèle l'aime (c'est-à-dire aime entrer en contact avec la Conscience christique qui est en lui), alors il doit suivre fidèlement les commandements – les lois de la discipline corporelle et mentale, et celles de la méditation – qui sont requis pour manifester la Conscience christique dans sa propre conscience.

Peu de personnes dans la chrétienté ont compris la promesse faite par Jésus d'envoyer le Saint-Esprit après son départ de cette terre. Le Saint-Esprit est l'invisible et sacrée puissance vibratoire de Dieu qui

soutient activement l'univers: la Parole, ou *Aum*, la Vibration cosmique, le grand Consolateur, Celui qui sauve de toutes les souffrances.

La Parole: la Vibration cosmique intelligente de Dieu

L'évolution scientifique de la création cosmique du Seigneur Créateur est exposée, en termes ésotériques, dans le livre de la Genèse de
l'Ancien Testament. Dans le Nouveau Testament, les premiers versets
de l'Évangile de saint Jean peuvent à juste titre être appelés *la Genèse
selon saint Jean*. Ces deux récits bibliques profonds, lorsqu'ils sont
clairement compris au moyen de la perception intuitive, correspondent

La « Parole » dans le christianisme originel

Bien que la doctrine officielle de l'Église ait interprété pendant des siècles « la
Parole » (*Logos* dans le grec du texte originel) comme étant une référence à Jésus
lui-même, ce n'était pas la signification que saint Jean lui donnait dans le passage
de son Évangile. Selon les spécialistes, le concept exprimé par Jean peut être compris de la manière la plus claire, non au travers de l'exégèse de l'orthodoxie bien
plus tardive de l'Église, mais au travers des écrits bibliques et des enseignements
de philosophes juifs contemporains de Jean – par exemple le *Livre des Proverbes*
(très certainement connu de Jean et de n'importe quelle autre personne de la
communauté juive de son époque). Dans *A History of God*[1]: *The 4,000 Year Quest
of Judaism, Christianity and Islam* (New York: Alfred A. Knopf, 1993), Karen
Armstrong écrit: « L'auteur du livre des Proverbes, qui écrivait au IIIe siècle avant
J.-C., personnifie la Sagesse si bien qu'elle apparaît comme une personne distincte:
    « "Yahvé m'a créée [la Sagesse] prémices de son œuvre, avant ses œuvres les
plus anciennes. Dès l'éternité je fus établie, dès le principe, avant l'origine de la
terre [...] quand il traça les fondements de la terre, j'étais à ses côtés comme le
maître d'œuvre, je faisais ses délices, jour après jour, m'ébattant tout le temps en
sa présence, m'ébattant sur la surface de sa terre et trouvant mes délices parmi les
enfants des hommes" (Proverbes 8, 22-23, 29-31; La Bible de Jérusalem). [...]
    « Dans la traduction araméenne des Écritures hébraïques connues sous le nom
de *targums*, qui étaient en cours de rédaction à cette époque [c'est-à-dire lorsque

[1] Publié en français sous le titre: *Histoire de Dieu*, Éditions du Seuil, Paris, 1997.

exactement à la cosmologie spirituelle des Écritures de l'Inde transmises durant son âge d'or par ses *rishis* qui avaient la connaissance de Dieu.

Saint Jean était probablement le plus grand des disciples de Jésus. Tout comme un maître d'école trouve qu'un de ses élèves possède une compréhension supérieure qui le place en tête de la classe, et les autres au-dessous, de la même manière il y avait parmi les disciples de Jésus des degrés différents dans la capacité à apprécier et à absorber la profondeur et la portée des enseignements du Christ-homme. Parmi les divers livres du Nouveau Testament, les récits laissés par saint

l'Évangile de Jean fut écrit], le terme *Memra* (parole) est utilisé pour décrire l'activité de Dieu dans le monde. Sa fonction est la même que d'autres termes tels que "gloire", "Saint-Esprit" et "*Shekinah*", qui soulignaient la distinction entre la présence de Dieu dans le monde et la réalité incompréhensible de Dieu en tant que Tel. À l'instar de la Sagesse divine, la "Parole" symbolisait le plan originel de Dieu pour la création. »

Les écrits des premiers Pères de l'Église indiquent également qu'il s'agissait de la signification que saint Jean donnait au terme « Parole ». Dans *Clement of Alexandria* (Édimbourg : William Blackwood and Sons, 1914), John Patrick affirme : « Clément identifie de manière répétée la Parole à la Sagesse de Dieu. » Et Anne Pasquier, professeure en théologie à l'Université Laval, au Québec, écrit dans *The Nag Hammadi Library After Fifty Years* (John D. Turner et Anne McGuire, éditeurs ; New York : Brill, 1997) : « Philo, Clément d'Alexandrie et Origène... tous associent le Logos à la Parole de Dieu dans les récits de la création de l'Ancien Testament lorsque "Dieu parla et ce fut fait". Les Valentiniens font de même. [...] Selon les Valentiniens, le prologue de l'Évangile de Jean décrit une genèse spirituelle, modelée sur la genèse matérielle, et il est considéré comme une interprétation spirituelle des récits de la création que l'on trouve dans l'Ancien Testament. »

Cependant, la « Parole » (comme aussi « le fils unique de Dieu ») n'en vint à désigner la *personne* de Jésus qu'à travers une évolution graduelle de la doctrine, suscitée par des influences théologiques et politiques complexes. Ce n'est qu'au IVe siècle, écrit l'historienne Karen Armstrong dans *A History of God*, que l'Église en vint à « se réserver le monopole de la vérité : Jésus était pour eux la première et la dernière Parole de Dieu adressée à la race humaine. » *(Note de l'éditeur)*

Jean expriment le degré le plus élevé de réalisation divine, en faisant
connaître les profondes vérités ésotériques que Jésus a expérimentées
et transmises à Jean. Non seulement dans son Évangile, mais dans ses
Épîtres et surtout dans les profondes expériences métaphysiques décrites de manière symbolique dans le livre de l'Apocalypse, Jean présente les vérités enseignées par Jésus à la lumière de sa propre réalisation intuitive intérieure. Les paroles de Jean exposent avec précision et
fidélité le message de Jésus ; c'est pourquoi son Évangile, bien qu'il soit
le dernier d'entre eux dans le Nouveau Testament, doit être considéré
comme étant le premier lorsqu'on recherche la véritable signification
de la vie et des enseignements de Jésus.

« *Au commencement…* » Avec ces mots débute la cosmogonie de
l'Ancien et du Nouveau Testaments. « Commencement » désigne la
naissance de la création finie, car l'Absolu Éternel – l'Esprit – n'a ni
commencement ni fin. […]

L'Esprit, étant la seule Substance existante, n'avait rien d'autre que
Lui-même avec quoi créer. L'Esprit et Sa création entière ne pouvaient
pas être différents en essence, car deux Forces infinies toujours exis-
tantes seraient en conséquence chacune absolue, ce qui par définition
est impossible. Une création ordonnée nécessite la dualité du Créateur
et du créé. Ainsi, l'Esprit donna d'abord naissance à l'Illusion magique,
Maya, le Mesureur[1] cosmique et magique, qui nous fait croire qu'une
portion de l'Infini indivisible est divisé en objets finis et distincts, de la
même manière qu'une tempête qui vient troubler un calme océan laisse
apparaître des vagues individuelles à sa surface.

Toute la création n'est rien d'autre que l'Esprit, apparemment et
temporairement diversifié par l'activité vibratoire créatrice de l'Esprit
Lui-même.

---

[1] Le mot sanskrit *maya* (illusion cosmique) signifie « le mesureur » ; c'est le pouvoir magique dans
la création, par lequel les limitations et les divisions paraissent présentes dans l'Incommensurable
et l'Indivisible.

Au commencement était la Parole, et la Parole était avec Dieu, et la Parole était Dieu. Elle était au commencement avec Dieu.

Toutes choses ont été faites par elle, et rien de ce qui a été fait n'a été fait sans elle.

En elle était la vie, et la vie était la lumière des hommes (Jean 1, 1-4).

La « Parole » désigne la vibration intelligente ou l'énergie intelligente, émanant de Dieu. Toute prononciation d'un mot, tel que « fleur », exprimée par un être intelligent, se compose d'énergie, ou vibration sonore, accompagnée d'une pensée, qui imprègne cette vibration de signification intelligente. De la même manière, la Parole, qui est le commencement et la source de toutes les substances créées, est la Vibration cosmique [le Saint-Esprit] imprégnée d'Intelligence cosmique [la Conscience christique].

L'idée de la matière, l'énergie dont la matière est composée, et la matière elle-même – toutes les choses – ne sont que des pensées de l'Esprit possédant des fréquences vibratoires différentes.

Avant la Création, il n'y avait que l'Esprit indifférencié. En manifestant la création, l'Esprit devint Dieu le Père, le Fils et le Saint-Esprit. [...]

L'Esprit non-manifesté devint Dieu le Père, le Créateur de toute vibration créatrice. Dans les Écritures hindoues, Dieu le Père est appelé *Ishvara* (le Souverain cosmique) ou *Sat* (la pure essence suprême de la Conscience cosmique) – l'Intelligence transcendantale. Ainsi, Dieu le Père existe de manière transcendantale sans être affecté par un quelconque frémissement de la création vibratoire : Il est la Conscience cosmique à la fois consciente et séparée.

L'énergie vibratoire émanant de l'Esprit, dotée du pouvoir créateur de *maya* qui produit l'illusion, est le Saint-Esprit : la Vibration cosmique, la Parole, l'*Aum (Om)* ou Amen.

La Parole, c'est-à-dire l'énergie créatrice et le son de la Vibration cosmique, à l'instar des ondes sonores d'un séisme d'une magnitude inimaginable, sortit du Créateur pour manifester l'univers. Cette Vibration cosmique, imprégnée d'Intelligence cosmique, fut condensée en éléments subtils – rayons thermiques, électriques, magnétiques et de toutes sortes – et de là en atomes de vapeur (gaz), de liquides et de solides.

Une vibration cosmique omniprésente et active dans tout l'espace ne pouvait pas d'elle-même créer ou maintenir la merveilleuse complexité du cosmos. [...] [Ainsi] la conscience transcendante de Dieu le Père se manifesta à l'intérieur de la vibration du Saint-Esprit en tant que Fils – la Conscience christique, l'Intelligence de Dieu dans toute la création vibratoire. Ce pur reflet de Dieu présent dans le Saint-Esprit guide ce dernier indirectement pour créer, re-créer, préserver et modeler la création, selon le dessein divin de Dieu.

Les auteurs bibliques, qui n'étaient pas versés dans la terminologie qui reflète la connaissance de l'ère moderne, utilisèrent de manière tout à fait adaptée « Saint-Esprit » et « Parole » (ou Verbe) pour désigner la nature de la Vibration cosmique intelligente. La « Parole » implique un son vibratoire, véhiculant un pouvoir de matérialisation. L'« Esprit » implique une force intelligente, invisible et consciente. « Saint » désigne cette Vibration parce qu'elle est la manifestation de l'Absolu et parce qu'elle essaie de créer l'univers selon le schéma divin parfait.

Dans les Écritures hindoues, la désignation de ce « Saint-Esprit » en tant que *Aum* montre son rôle dans le plan créateur de Dieu : *A* est l'initiale d'*akara*, ou vibration créatrice ; *u* celle d'*ukara*, la vibration de préservation ; et *m* celle de *makara*, la puissance vibratoire de la dissolution. Une tempête se déchaînant sur la mer crée des vagues, grandes et petites, les préserve pendant quelque temps, et puis les dissout en se retirant. Ainsi, l'*Aum* ou Saint-Esprit crée toutes choses, les préserve en des myriades de formes, et les dissout finalement au sein de l'océan de

La nature vibratoire de la Création

Les récentes avancées dans ce que les physiciens théoriciens appellent la « théorie des supercordes » conduisent la science à comprendre la nature vibratoire de la Création. Dans *L'Univers élégant, une révolution scientifique : de l'infiniment grand à l'infiniment petit, l'unification de toutes les théories de la physique* (Éditions Robert Laffont, Paris, 2000), Brian Greene, professeur de physique aux Universités de Cornell et de Columbia, écrit :

« Durant les trente dernières années de sa vie, Albert Einstein a cherché sans répit une théorie dite *unifiée*, une théorie qui décrirait toutes les forces de la nature dans un cadre unique, cohérent et tout-puissant. [...] Et aujourd'hui, à l'aube du troisième millénaire, les spécialistes de la théorie des cordes pensent avoir percé à jour les mécanismes de cette union insaisissable. [...]

« Selon cette théorie, le royaume microscopique serait baigné de cordelettes minuscules, dont les modes de vibration orchestrent l'évolution du cosmos » écrit le professeur Greene, qui nous dit que « la longueur typique de ces petits brins de corde est... environ cent milliards de milliards (10^{20}) de fois plus petite qu'un noyau atomique. »

Le professeur Greene explique qu'à la fin du XXe siècle la science avait déterminé que l'univers physique était composé d'un nombre très restreint de particules fondamentales, tels que les électrons, les quarks (qui sont les éléments constitutifs des protons et des neutrons) et les neutrinos. « Les particules étaient élémentaires, écrit-il, et l'on pensait que chacune était constituée d'une "étoffe" différente. L'"étoffe" de l'électron, par exemple, avait une charge électrique négative, tandis que celle du neutrino n'en avait pas. La théorie des cordes remanie complètement cette interprétation, puisqu'elle déclare *identique* l'"étoffe" de *toute* la matière et de *toutes* les forces. »

« Si l'on en croit la théorie des cordes, il n'y aurait qu'*un seul* ingrédient fondamental – la corde » écrit Greene dans *La magie du Cosmos : L'espace, le temps, la réalité : tout est à repenser* (Éditions Robert Laffont, S.A., Paris, 2005). Il explique que « à l'instar d'une corde de violon dont les différents modes de vibration produisent chacun une note différente, les filaments de la théorie des supercordes peuvent eux aussi vibrer de différentes manières. [...] Une petite corde vibrant d'une certaine manière aurait la masse et la charge d'un électron ; et, si l'on en croit la théorie, cette corde vibrante minuscule *serait* ce que l'on appelle ordinairement un électron. [...] Une corde minuscule, exécutant un autre mode vibratoire, pourra conduire aux propriétés d'un quark, d'un neutrino, ou de n'importe quelle autre particule. [...] Chacune d'elles provient d'un mode de vibration différent d'une même entité sous-jacente. [...] Au niveau ultramicroscopique, la matière de l'Univers procéderait d'une symphonie de cordes vibrantes. » *(Note de l'éditeur)*

Dieu où elles seront créées à nouveau : un processus de renouvellement continu de la vie et de la forme dans le rêve cosmique continu de Dieu.

Ainsi, la Parole ou Vibration cosmique est-elle à l'origine de « toutes choses » : « rien de ce qui a été fait n'a été fait sans elle ». La Parole ou Verbe existait depuis le tout début de la Création, ce fut la première manifestation de Dieu dans la conception de l'univers. « La Parole était avec Dieu » – imprégnée de l'intelligence réfléchie de Dieu, la Conscience christique –, « et la Parole était Dieu », c'est-à-dire les vibrations de Son propre Être unique.

L'affirmation de saint Jean fait écho à une vérité éternelle résonant dans divers passages des antiques Védas : la Parole vibratoire cosmique (*Vak*) était avec Dieu le Père et Créateur (*Prajapati*) au commencement de la Création, lorsque rien d'autre n'existait ; par *Vak* toutes choses ont été faites ; et *Vak* est elle-même Brahman (Dieu).

« Voici ce que dit l'Amen [la Parole, *Aum*], le témoin fidèle et véritable, le commencement de la création de Dieu [1]. » Le Son cosmique sacré de l'*Aum* ou Amen est le témoin de la Présence divine manifestée dans toute la Création.

Le Père, le Fils et le Saint-Esprit selon le Yoga

Par rapport au concept ordinaire de l'incarnation de Jésus, la sainte Trinité du christianisme – le Père, le Fils et le Saint-Esprit – est totalement incompréhensible si l'on ne différencie pas Jésus en tant que personne physique et Jésus en tant que véhicule dans lequel se manifeste le Fils unique, la Conscience christique. Jésus lui-même établit une distinction de la sorte lorsqu'il parle de son corps comme étant le « fils de l'homme » ; et qu'il parle de son âme, qui n'était pas limitée par le

---

[1] Apocalypse 3, 14. L'*Aum* des Védas devint le mot sacré *Hum* des Tibétains, l'*Amin* des musulmans et l'*Amen* des Égyptiens, des Grecs, des Romains, des juifs et des chrétiens. La signification d'*Amen* en hébreu est « sûr, fidèle ».

corps mais était une avec l'unique Conscience christique présente dans tous les atomes de la Création, comme étant le « fils de Dieu ».

« Dieu a tant aimé le monde qu'il a donné son Fils unique » pour le racheter ; c'est-à-dire que Dieu le Père est demeuré caché au-delà du royaume vibratoire émané de Son Être, mais qu'Il a imprégné toute la matière et tous les êtres vivants de Son Intelligence christique afin de ramener toutes choses à Sa demeure de béatitude éternelle au moyen du merveilleux pouvoir incitatif de l'évolution. Sans cette omniprésence de Dieu imprégnant l'ensemble de la Création, l'homme se sentirait en effet privé du Secours divin – la façon si douce, et parfois presque imperceptible, dont le Seigneur vient à l'aide de l'homme qui L'implore à genoux. Une seule pensée d'amour peut ainsi combler la distance qui sépare le fidèle de Son Créateur et suprême Bienfaiteur.

Saint Jean disait : « Mais à tous ceux qui l'ont reçue, elle a donné le pouvoir de devenir fils* de Dieu. » La forme plurielle appliquée à « fils de Dieu » montre distinctement, d'après les enseignements que Jean reçut de Jésus, que ce n'était pas le corps de Jésus mais son état de Conscience christique qui était le « fils unique » ; et que tous ceux qui étaient capables de purifier leur conscience et de recevoir, ou de réfléchir sans entraves, la puissance divine, pouvaient devenir des fils de Dieu. Ils pouvaient être un avec l'unique reflet de Dieu immanent dans toute la matière, comme l'était Jésus ; et à travers le Fils, la Conscience christique, ils pouvaient monter au Père, la suprême Conscience cosmique.

La contribution inestimable de l'Inde offerte au monde et découverte par les *rishis* dans l'antiquité est la science de la religion – le yoga ou « l'union avec le Divin » – par laquelle Dieu peut être connu, non pas comme concept théologique, mais comme expérience personnelle réelle. Parmi toutes les connaissances scientifiques, la science du yoga conduisant à la réalisation de Dieu est de la plus haute valeur pour l'humanité, car elle s'attaque à la cause première de tous ses maux : l'ignorance, l'illusion qui enveloppe toute chose d'un voile obscur. Lorsqu'on s'établit fermement dans la réalisation divine, l'illusion est transcendée et la conscience mortelle s'élève de sa condition inférieure vers un état semblable à celui du Christ.

Recevoir la Conscience christique par la communion avec le Saint-Esprit dans la méditation

Mais à tous ceux qui l'ont reçue, à ceux qui croient en son nom, elle a donné le pouvoir de devenir fils* de Dieu, lesquels sont nés, non du sang, ni de la volonté de la chair, ni de la volonté de l'homme, mais de Dieu (Jean 1, 12-13).

La lumière de Dieu brille de manière égale sur tous, mais à cause de l'ignorance engendrée par l'illusion, tous ne la reçoivent pas et ne la réfléchissent pas de la même façon. La lumière du soleil éclaire de la même manière un morceau de charbon et un diamant, mais seul le diamant reçoit et réfléchit la lumière dans toute sa magnifique splendeur. Le carbone présent dans le charbon a le potentiel de devenir un diamant. Tout ce dont il a besoin, c'est d'une transformation sous haute pression. Ce verset dit ici que tout le monde peut être comme le Christ : quiconque purifie sa conscience par une vie spirituelle et morale, et surtout par la méditation grâce à laquelle sa nature mortelle rudimentaire est sublimée pour atteindre la nature immortelle et parfaite de l'âme.

Être un fils de Dieu n'est pas quelque chose que l'on doit acquérir ; au contraire, il nous suffit de recevoir Sa lumière et de prendre conscience que Dieu nous a déjà conféré, dès le tout début, ce statut béni.

« *À ceux qui croient en son nom* » signifie ceci : lorsque même le Nom de Dieu suscite notre dévotion et ancre nos pensées en Lui, il devient une porte vers le salut. Lorsque le simple fait de mentionner Son nom enflamme notre âme d'amour pour Dieu, cela nous met sur le chemin de la libération.

Dans sa signification plus profonde « nom » se réfère à la Vibration cosmique (la Parole, l'*Aum*, l'Amen). Dieu en tant qu'Esprit n'a pas de nom qui pourrait Le limiter. Lorsqu'on désigne l'Absolu comme Dieu ou comme Jéhovah, Brahman ou Allah, aucun de ces noms ne peut Le définir réellement. Dieu le Créateur et Père de toutes choses vibre à travers la nature en tant que vie éternelle, et cette vie a le son du grandiose Amen ou *Aum*. C'est ce nom qui définit Dieu avec la plus grande précision. «Ceux qui croient en son nom» désigne ceux qui communient avec ce son *Aum*, la voix de Dieu présente dans la vibration du Saint-Esprit. Lorsqu'un fidèle entend ce nom de Dieu, cette Vibration cosmique, il est en passe de devenir un fils de Dieu, car dans ce son sa conscience entre en contact avec la Conscience christique immanente, qui l'introduira auprès de Dieu en tant que Conscience cosmique.

Le sage Patanjali, le plus grand commentateur indien du yoga, décrit Dieu le Créateur sous le nom d'*Ishvara*, le Seigneur ou Souverain cosmique. «Son symbole est *Pranava* (la Parole ou le Son sacré, *Aum*). En chantant *Aum*, de manière répétée et fervente, et en méditant sur sa signification, les obstacles disparaissent et la conscience se tourne vers l'intérieur (se détournant de l'identification avec les sens)» (*Yoga Sutras* I, 27-29)[1].

Ceux dont la nature véritable est d'être des fils de Dieu, des purs reflets du Père non ternis par l'illusion, sont devenus des fils de l'homme en s'identifiant avec le corps physique et en oubliant leur origine dans l'Esprit. L'homme qui vit dans l'illusion n'est qu'un mendiant dans la rue du temps. Mais de même que Jésus a reçu et a réfléchi, à travers sa conscience purifiée, la condition de fils de Dieu propre à la Conscience christique, chaque homme, par la méditation yoguique, peut purifier son esprit et le rendre semblable à un diamant qui recevra et réfléchira la lumière de Dieu.

La méthode pour contacter cette Vibration cosmique, le Saint-Esprit, est pour la première fois répandue dans le monde entier grâce

---

[1] L'époque à laquelle vivait Patanjali est inconnue, bien que de nombreux spécialistes le fassent vivre au IIᵉ siècle av. J.-C. Ses célèbres *Yoga Sutras* présentent, dans une série de courts aphorismes, l'essence condensée de la science excessivement vaste et complexe de l'union avec Dieu – exposant la méthode permettant d'unir l'âme à l'Esprit indifférencié, de manière si belle, si claire et si concise que des générations d'érudits ont reconnu les *Yoga Sutras* comme le principal ouvrage antique sur le yoga.

aux techniques de méditation définies de la science du *Kriya Yoga*.
Dans la communion bienheureuse avec le Saint-Esprit, la coupe de la
conscience humaine s'élargit pour recevoir l'océan de la Conscience
christique. L'adepte de la pratique de la science du *Kriya Yoga* qui fait
l'expérience consciente du Saint-Esprit, le Consolateur, et qui se fond
dans le Fils, ou Conscience christique immanente, atteint par ce biais
la réalisation de Dieu le Père et peut pénétrer dans le royaume infini
de Dieu.

Le Christ apparaîtra ainsi une seconde fois dans la conscience
de chaque fidèle qui est capable de maîtriser la technique permettant

Le baptême par le Saint-Esprit

Le baptême suprême, prôné par Jean le Baptiste et par tous les Maîtres ayant
atteint la réalisation du Soi, consiste à être baptisé « du Saint-Esprit et du feu » –
c'est-à-dire d'être imprégné de la présence divine dans la sainte Vibration créatrice
dont l'omniscience omniprésente non seulement élève et étend la conscience, mais
dont le feu d'énergie vitale cosmique consume les péchés des mauvaises habitudes
présentes et les effets karmiques d'actions erronées du passé.

Les vibrations du « Consolateur », source d'élévation, apportent une paix intérieure et une joie profonde. La Vibration créatrice vitalise la force vitale de notre
corps, ce qui conduit à la santé et au bien-être. Elle peut aussi être consciemment
dirigée en tant que pouvoir de guérison vers ceux qui ont besoin de l'aide divine.
Étant la source de la créativité intelligente, la vibration de l'*Aum* inspire notre ini-
tiative, notre ingéniosité et notre volonté personnelles.

En entrant en contact avec Dieu... au cours de la méditation, tous les désirs du
cœur trouvent leur accomplissement ; car rien n'est plus précieux, plus agréable ni
plus séduisant que la joie divine toujours nouvelle qui satisfait tous les désirs. [...]
Celui qui immerge sa conscience dans le Saint-Esprit se libère de l'attachement aux
désirs et aux objets personnels, tout en appréciant chaque chose avec la joie de
Dieu qui est en lui.

d'entrer en contact avec le Saint-Esprit, le dispensateur d'un réconfort et d'une béatitude indescriptibles dans l'Esprit.

La science du Yoga de la colonne vertébrale : « Aplanissez le chemin du Seigneur »

Dans les versets bibliques dans lesquels Jean le Baptiste se décrit lui-même, il se cache une magnifique révélation concernant le chemin à suivre pour entrer en contact avec Dieu :

Moi, dit-il, je suis la voix de celui qui crie dans le désert : Aplanissez le chemin du Seigneur, comme a dit Ésaïe, le prophète (Jean 1, 23).

[Une expérience extatique de Paramahansa Yogananda en communion profonde avec l'Aum, la Vibration cosmique du Saint-Esprit :]

« Lorsque le corps vibre des plaisirs procurés par les perceptions sensorielles, j'ai une sensation de pesanteur ; un poids lourd opprime mon âme, et je me sens tiré vers le bas, vers la matière. Mais, lorsque Toi, sublime *Aum* qui élève la conscience, Tu vibres en moi, oh, quelle joie débordante et quelle légèreté je ressens ! Je m'élève au-dessus du corps, je suis attiré vers l'Esprit. Ô grandiose *Aum*, océan mugissant de l'*Aum*, vibre longtemps en moi afin qu'en restant conscient de Ton infinie présence je puisse étendre le champ de ma conscience jusqu'à m'identifier à l'Esprit universel. Oh, ceci est la Voix du Ciel. Ceci est la voix de l'Esprit. *Aum*, Tu es la source de toute vie, de toutes les manifestations de la création dans l'univers entier. Aussi, ô merveilleuse Vibration mère, laisse-moi Te sentir bouillonner en moi comme une partie de Ton Soi cosmique. Accueille-moi, fais-moi devenir un avec Toi. Ne m'abandonne jamais ; que Ton grondement se manifeste toujours en moi comme un puissant océan spirituel, m'appelant à Toi et me révélant Ta présence océanique. Ô Puissante Vibration, ô Puissante Vérité qui pénètre chaque atome de mon corps, viens avec Ta présence, avec Ta résonance universelle, m'apporter paix et harmonie éternelles, félicité et sagesse éternelles ! Oh, ces minuscules joies, ces dérisoires stimulants qui font vibrer les sens, je désire y renoncer. Enveloppe-moi dans Ta vibration et emporte-moi dans Ton rugissement sonore. Libère-moi de l'esclavage du corps ; laisse-moi voguer sur Tes ondes vibratoires infinies de joie omnisciente, ô merveilleux *Aum*. Sois avec moi, prends possession de moi, dissous-moi en Toi. »

Lorsque nos sens sont tournés vers l'extérieur, nous nous trouvons absorbés dans le « marché » animé de la création matérielle et de ses interactions complexes. Même lorsque nos yeux sont fermés au cours de la prière ou d'autres activités de concentration, nous restons tout de même dans le domaine de l'activité. Le véritable « désert », dans lequel aucune pensée du monde, aucune agitation ni aucun désir matériel ne pénètre, se trouve en transcendant l'esprit sensoriel, l'esprit subconscient et l'esprit superconscient, et en contactant la conscience cosmique de l'Esprit, le « désert » inexploré et incréé de la Béatitude infinie.

Alors que Jean, plongé dans le désert de son silence intérieur, écoutait le Son cosmique omniscient, sa sagesse intuitive lui commanda silencieusement : « Aplanis le chemin du Seigneur. » Manifeste en toi le Seigneur, la Conscience christique subjective immanente dans toute la création vibratoire, à travers l'éveil de ton intuition lorsque, dans l'état d'extase transcendantale, les centres métaphysiques divins de vie et de conscience s'ouvrent le long du chemin bien droit de la colonne vertébrale.

Parmi toutes les créatures, seul l'homme possède en son corps des centres cérébro-spinaux spirituels de conscience divine. Ce sont les temples de l'Esprit descendu dans la matière. Ces centres sont connus des yogis, comme ils l'étaient de saint Jean qui les a décrits dans l'Apocalypse sous la forme des sept sceaux, et de sept étoiles et de sept églises, avec leurs sept anges et leurs sept chandeliers d'or.

Les traités de yoga expliquent l'éveil des centres spinaux non comme une anomalie mystique, mais comme un fait purement naturel commun à tous les fidèles qui parviennent à trouver le chemin menant à la présence de Dieu. Les principes du yoga ne connaissent aucune frontière artificielle de religions en « -isme ». Le yoga est la science universelle de l'union divine de l'âme avec l'Esprit, de l'homme avec son Créateur.

Le Yoga et le livre de l'Apocalypse

« Écris donc les choses que tu as vues, et celles qui sont, et celles qui doivent arriver après elles, le mystère des sept étoiles que tu as vues dans ma main droite, et des sept chandeliers d'or. Les sept étoiles sont les anges des sept Églises, et les sept chandeliers sont les sept Églises » (Apocalypse 1, 19-20).

« Puis je vis dans la main droite de celui qui était assis sur le trône un livre écrit en dedans et en dehors, scellé de sept sceaux. Et je vis un ange puissant, qui criait d'une voix forte : "Qui est digne d'ouvrir le livre, et d'en rompre les sceaux ?" » (Apocalypse 5, 1-2).

Les traités de yoga identifient ces centres (par ordre ascendant) comme étant :

1) *muladhara* (le centre coccygien, à la base de la colonne vertébrale) ;

2) *svadhisthana* (le centre sacré, environ cinq centimètres au-dessus de *muladhara*) ;

3) *manipura* (le centre lombaire, en face du nombril) ;

4) *anahata* (le centre dorsal, en face du cœur) ;

5) *vishuddha* (le centre cervical, à la base de la nuque) ;

6) *ajna* (siège de l'œil spirituel, traditionnellement localisé entre les sourcils ; en fait, directement connecté par polarité avec le bulbe rachidien) ;

7) *sahasrara* (le « lotus aux mille pétales », dans la partie supérieure du cerveau).

Ces sept centres sont des portes de sorties divinement planifiées, des « portes-trappes » par lesquelles l'âme est descendue dans le corps et par lesquelles elle doit remonter au moyen du processus de la méditation. En sept étapes successives, l'âme s'échappe dans la Conscience cosmique. Les traités de yoga font généralement référence aux six centres inférieurs sous le nom de *chakras* (« roues », parce que l'énergie concentrée en chacun d'eux est pareille à un moyeu à partir duquel rayonnent des rayons de lumière et d'énergie qui dispensent la vie) et mentionnent séparément *sahasrara* en tant que septième centre. Cependant, les sept centres sont souvent tous mentionnés comme des lotus, dont les pétales s'ouvrent ou se tournent vers le haut pendant l'éveil spirituel tandis que la vie et la conscience voyagent en direction ascendante dans la colonne vertébrale.

Le yoga décrit la façon précise dont l'Esprit descend de la Conscience cosmique dans la matière et dans tous les êtres qui en sont l'expression individualisée; et comment, à l'inverse, la conscience individualisée doit finalement remonter à l'Esprit.

Nombreuses sont les voies religieuses et les méthodes pour approcher Dieu; mais au bout du compte, toutes mènent à une seule voie divine universelle permettant d'accomplir l'ascension finale qui aboutit à l'union avec Lui. Le chemin menant à la libération de l'âme, celui qui la libère de ses liens avec la conscience du corps physique, est identique pour tous: il passe par la même voie « toute droite » de la colonne

---

Le corps astral d'énergie vitale

La découverte scientifique selon laquelle l'énergie électromagnétique forme un moule autour du corps physique afin de le structurer est décrit par le Dr Richard Gerber, dans *Vibrational Medicine* (Rochester, Vermont: Bear and Company, 2001) : « Dans les années 1940, le neuro-anatomiste Harold S. Burr de l'Université de Yale étudiait la forme des champs d'énergie – qu'il nommait "champs de vie" ou "champs-L" – qui entourent les plantes vivantes et les animaux. Certains des travaux de Burr portaient sur la forme des champs électriques entourant les salamandres. Il découvrit que les salamandres possédaient un champ d'énergie d'une forme à peu près semblable à l'animal adulte. Il découvrit aussi que ce champ contenait un axe électrique qui était aligné avec le cerveau et la moelle épinière. Burr voulait trouver précisément à quel moment se formait cet axe électrique dans le développement de l'animal. Il commença à établir une carte des champs à des stades de plus en plus précoces de l'embryogenèse de la salamandre. Burr découvrit que l'axe électrique trouvait son origine dans l'œuf non fécondé. [...] Burr procéda également à des expériences avec les champs électriques qui entourent de très jeunes plants. D'après ses recherches, le champ électrique entourant une pousse n'a pas la forme de la graine d'origine, mais ressemble à la plante adulte. »

Dans *Blueprint for Immortality: The Electric Patterns of Life* (Essex, Angleterre: Saffron Walden, 1972), le professeur Burr décrit ainsi ses recherches : « La plupart des gens qui ont suivi des cours de science au lycée se souviendront que si l'on tient un petit carton avec des copeaux de limaille de fer au-dessus d'un aimant, ceux-ci s'organisent en suivant les "lignes de force" du champ magnétique de l'aimant. Et

vertébrale, à travers laquelle l'âme est descendue de l'Esprit dans le corps et dans la matière[1].

La vraie nature de l'homme est l'âme, un rayon de l'Esprit. De même que Dieu est Félicité toujours existante, toujours consciente et toujours nouvelle, de même l'âme, enfermée dans le corps, est Félicité individualisée toujours existante, toujours consciente et toujours nouvelle.

[1] « Il y aura là un chemin frayé, une route, qu'on appellera la voie sainte ; nul impur n'y passera. [...] Les délivrés y marcheront. Les rachetés de l'Éternel retourneront, ils iront à Sion avec chants de triomphe, et une joie éternelle couronnera leur tête ; l'allégresse et la joie s'approcheront, la douleur et les gémissements s'enfuiront » (Ésaïe 35, 8-10).

---

si on se débarrasse de ces copeaux et qu'on les remplace par de nouveaux, ceux-ci adoptent le même schéma que les anciens.

« Quelque chose de similaire – bien qu'infiniment plus compliqué – se produit dans le corps humain. Ses molécules et ses cellules sont en permanence détruites et reconstruites à l'aide de matériaux nouveaux issus de la nourriture que nous absorbons. Mais, grâce au champ-L jouant le rôle de contrôleur, les nouvelles molécules et les nouvelles cellules sont reconstruites et s'organisent suivant le même schéma que les anciennes.

« Des recherches récentes menées avec des éléments "marqueurs" ont révélé que les constituants de notre corps et de notre cerveau sont renouvelés bien plus souvent que ce que l'on pensait précédemment. Toutes les protéines du corps, par exemple, sont remplacées tous les six mois, et, dans certains organes comme le foie, les protéines sont renouvelées bien plus fréquemment. Quand nous rencontrons un ami que nous n'avons pas vu depuis six mois, il n'y a pas une seule molécule de son visage qui était présente la dernière fois que nous l'avons vu. Mais, grâce au contrôle exercé par le champ-L, les nouvelles molécules se sont organisées selon le vieux schéma familier, et nous pouvons reconnaître son visage. Jusqu'à ce que les instruments modernes ne révèlent l'existence de champs-L capables d'exercer ce contrôle, les biologistes avaient du mal à expliquer comment notre corps maintenait sa forme à travers l'incessante activité métabolique et les continuels changements de substances qui le composent. À présent, le mystère est résolu : le champ électrodynamique du corps sert de matrice ou de moule, qui préserve la "forme" ou l'organisation de toute substance que l'on y verse, quelle que soit la fréquence de ces changements de substances. » *(Note de l'éditeur)*

Le revêtement corporel de l'âme est de triple nature. Le corps physique, auquel l'homme s'identifie avec tant d'affection et de ténacité, n'est guère plus que de la matière inerte, un agrégat de minéraux et d'éléments chimiques terrestres, composé d'atomes grossiers. Le corps physique reçoit toute l'énergie et tous les pouvoirs qui l'animent d'un corps astral interne rayonnant, fait de biotrons. À son tour, le corps astral est dynamisé par un corps causal de conscience pure, composé de tous les principes idéationnels qui structurent et maintiennent les instruments corporels astraux et physiques utilisés par l'âme pour interagir avec la création divine.

Les trois corps travaillent à l'unisson et sont liés ensemble par un entrelacement de force vitale et de conscience dans les sept centres spirituels de l'axe cérébro-spinal : un instrument corporel physique, animé par la force vitale du corps astral et par la conscience de la forme causale. Dans sa résidence corporelle à la triple nature, l'âme adopte les limitations imposées par un tel enfermement et devient la pseudo-âme ou ego.

La force vitale et la conscience descendent dans un premier temps dans le corps causal de conscience à travers les centres idéationnels de l'épine dorsale causale où la conscience est magnétisée ; puis, elles descendent dans les merveilleux centres spinaux de lumière et d'énergie du corps astral et enfin dans le corps physique à travers le cerveau et la colonne vertébrale. Ensuite, la force vitale et la conscience s'orientent vers l'extérieur pour aller dans le système nerveux, les organes et les sens, permettant ainsi à l'homme de connaître le monde et d'interagir avec son environnement matériel.

Étant donné que le flux de la force vitale et de la conscience de l'être humain se dirige vers l'extérieur à travers la colonne vertébrale et les nerfs, celui-ci ne perçoit et n'apprécie que les phénomènes sensoriels. Dans la mesure où l'attention est le conducteur des courants vitaux et de la conscience, ceux qui donnent libre cours aux sens du toucher, de l'odorat, du goût, de l'ouïe et de la vue constatent que les « projecteurs » de leur force vitale et de leur conscience sont tournés vers la matière.

Mais quand, à travers la maîtrise de soi, acquise par la méditation, l'attention est fixée fermement sur le centre de la perception divine situé entre les sourcils, les projecteurs de la force vitale et de la conscience sont au contraire tournés vers l'intérieur. En se retirant des sens, ils révèlent la lumière de l'œil spirituel. […] À travers cet œil pourvu d'omniprésence, le fidèle pénètre dans les royaumes de la conscience divine.

Grâce à la méthode correcte de méditation et à la dévotion, le fidèle qui garde les yeux clos et fixés sur l'œil spirituel frappe à la porte du Ciel. Lorsque les yeux sont concentrés et immobiles, et que le souffle et l'esprit sont calmés, une lumière commence à se former dans le front. Lorsque la concentration s'approfondie encore, la lumière tricolore de l'œil spirituel devient visible [1]. Mais voir simplement l'œil unique n'est pas suffisant ; il est plus difficile pour le fidèle d'entrer dans cette lumière. Cependant, par la pratique de méthodes plus avancées, telles que le *Kriya Yoga*, la conscience du fidèle pénètre à l'intérieur de l'œil spirituel pour atteindre un autre monde de dimensions beaucoup plus vastes.

Dans l'auréole dorée de l'œil spirituel, on perçoit toute la création sous la forme de la lumière vibratoire du Saint-Esprit. C'est dans la lumière bleue de la Conscience christique que résident les anges et les agents-déités des puissances divines individualisées de la création, de la préservation et de la dissolution – de même que les plus élevés des saints. À travers la lumière blanche de l'œil spirituel, le fidèle entre dans la Conscience cosmique ; il monte vers Dieu le Père.

Les yogis de l'Inde (ceux qui cherchent l'union avec Dieu à travers les méthodes scientifiques formelles du yoga) accordent la plus grande importance au fait de garder la colonne vertébrale bien droite durant la méditation, et de se concentrer sur le point situé entre les sourcils.

---

[1] « L'œil est la lampe du corps. Si ton œil est unique*, tout ton corps sera empli de lumière* » (Matthieu 6, 22).

Une colonne courbée durant la méditation offre une réelle résistance au processus consistant à inverser les courants de vie pour les faire monter vers l'œil spirituel. De plus, une colonne courbée détruit l'alignement des vertèbres et pince les nerfs, maintenant la force vitale dans son état habituel de conscience du corps et d'agitation mentale.

Le peuple d'Israël cherchait le Christ incarné dans un corps physique ; aussi Jean le Baptiste les assura de la venue d'un homme en qui le Christ serait manifesté ; mais il leur dit aussi de manière subtile que quiconque voulait vraiment connaître le Christ devait le recevoir en lui-même en faisant monter sa conscience à travers la colonne vertébrale au cours de la méditation (« la voie du Seigneur »).

Jean insistait sur le fait que, pour connaître le Christ, il ne suffisait pas d'adorer uniquement le corps du Christ Jésus. La Conscience christique incarnée en Jésus ne pouvait être réalisée qu'en éveillant les centres astraux de la colonne vertébrale, la voie directe d'ascension par laquelle la Conscience christique métaphysique présente dans le corps de Jésus pouvait être perçue de manière intuitive.

Les paroles du prophète Ésaïe, auxquelles Jean le Baptiste vint faire écho, montrent que tous les deux savaient que le Seigneur de la Création vibratoire finie, ou Conscience christique subjective, ne pouvait être accueilli dans notre propre conscience qu'en empruntant l'« autoroute » directe de la colonne vertébrale dont les centres sont éveillés grâce à la méditation.

Ésaïe, Jean, les yogis, tous savent que pour recevoir la Conscience christique, il faut davantage qu'un simple contact physique avec une personne semblable au Christ. Il est nécessaire de savoir comment méditer, c'est-à-dire de savoir comment libérer notre attention des distractions des sens, et comment garder notre conscience fixée sur l'œil spirituel, l'autel où la Conscience christique peut être reçue dans toute sa gloire[1].

---

[1] Quel qu'ait pu être le corps céleste qui indiqua aux Mages la naissance de Jésus, l'étoile par laquelle ils furent informés de la venue sur terre du Christ Jésus était une « étoile à l'Orient » de pouvoir supérieur : la lumière de l'œil spirituel, qui révèle toutes choses, l'œil de la perception divine intuitive de l'âme situé à l'« Est » du corps – dans un centre spirituel subtil de Conscience christique situé dans le front entre les deux yeux physiques.

Toutes les religions authentiques conduisent à Dieu ; toutefois, certains chemins sont plus longs et d'autres plus courts. Peu importe quelle religion, établie par Dieu, nous suivons, ses croyances se fondront dans la seule et même expérience de Dieu commune à toutes les religions. Le yoga est le chemin unificateur qui est suivi par tous les adeptes des religions quand ils font les derniers pas qui les séparent de Dieu. Avant de pouvoir atteindre Dieu, il est nécessaire qu'ait lieu la « repentance » qui détourne notre conscience de la matière illusoire vers le royaume de Dieu qui est en nous. En retirant notre conscience du monde matériel, notre force vitale et notre esprit peuvent s'intérioriser et s'élever à travers les centres de spiritualisation de l'épine dorsale pour atteindre les états suprêmes de réalisation divine. L'union finale avec Dieu et les étapes pour l'atteindre sont universelles. C'est là le yoga, la science de la religion. Tous les chemins de traverse divergents se rencontreront finalement sur « l'autoroute divine » ; et cette « autoroute » passe par l'épine dorsale – la voie permettant de transcender la conscience du corps et d'entrer dans le royaume infini de Dieu.

La vérité et la sagesse spirituelles ne peuvent être trouvées dans les paroles d'aucun prêtre ou prêcheur, mais dans le « désert » du silence intérieur. Les Écritures sanskrites affirment : « Nombreux sont les sages et leurs interprétations spirituelles des Écritures, apparemment contradictoires les unes avec les autres, mais le véritable secret de la religion est caché dans une grotte. » La véritable religion réside en nous-mêmes, dans la grotte de l'immobilité, dans la grotte de la calme sagesse intuitive, dans la grotte de l'œil spirituel. En nous concentrant sur le point situé entre les sourcils et en plongeant dans les calmes profondeurs de l'œil spirituel lumineux, nous pouvons trouver les réponses à toutes les interrogations de notre cœur. « Le Consolateur, le Saint-Esprit*... vous enseignera toutes choses » (Jean 14, 26).

Le Yoga confère le véritable baptême dans l'Esprit

Le baptême de Jésus mit en évidence le chemin pour monter au Père. Comme il est dit dans l'Évangile selon saint Matthieu :

Dès que Jésus eut été baptisé, il sortit de l'eau. Et voici, les cieux s'ouvrirent, et il vit l'Esprit de Dieu descendre comme une colombe et venir sur lui. Et voici, une voix fit entendre des cieux ces paroles : Celui-ci est mon Fils bien-aimé, en qui j'ai mis toute mon affection (Matthieu 3, 16-17).

Lorsqu'on est baptisé par immersion dans la lumière de l'Esprit, on peut voir l'œil spirituel microcosmique du corps et en comprendre la relation avec la lumière de l'Esprit qui descend sous la forme de la Trinité cosmique. Dans le baptême de Jésus, ceci est décrit métaphoriquement de la manière suivante : « l'Esprit de Dieu descendant comme une colombe et venant sur lui. » La colombe symbolise l'œil spirituel, que les fidèles en profonde méditation voient au niveau du centre de la Conscience christique, situé au-dedans du front entre les deux yeux physiques.

L'œil de lumière et de conscience apparaît sous la forme d'une auréole dorée (la Vibration du Saint-Esprit) entourant une sphère bleue opalescente (la Conscience christique) au centre de laquelle se trouve une étoile à cinq branches d'une lumière blanche et brillante (la porte conduisant à la Conscience cosmique de l'Esprit).

La colombe symbolise la triple lumière divine de l'œil spirituel parce qu'elle apporte la paix éternelle. D'autre part, en représentant la pureté, la colombe indique la purification de la conscience de l'homme lorsque ce dernier regarde dans l'œil spirituel.

La bouche de cette colombe symbolique représente l'étoile de l'œil spirituel, le passage secret conduisant à la Conscience cosmique. Les deux ailes de la colombe représentent les deux sphères de conscience émanant de la Conscience cosmique : la lumière bleue de l'œil spirituel est le microcosme de l'Intelligence christique subjective présente dans toute la création ; et l'anneau de lumière dorée de l'œil spirituel est le microcosme de l'énergie cosmique objective, la Vibration cosmique ou Saint-Esprit.

Au cours de son baptême dans l'Esprit, qui Se manifesta sous la forme du Saint-Esprit, Jésus vit la lumière de l'œil spirituel descendre de la Lumière divine macrocosmique ; et de celle-ci vint la voix de l'*Aum*, le son céleste intelligent, créateur de toutes choses, vibrant comme une voix intelligible :

« Tu es Mon Fils car tu as élevé ta conscience des limitations du corps et de toute matière pour réaliser que tu ne fais qu'un avec Mon reflet parfait, Mon image unique, immanente dans toute la manifestation. Je suis Béatitude, et Ma Félicité, Je l'exprime dans ta joie en harmonie avec Mon Omniprésence. »

Jésus sentit sa conscience en harmonie avec la Conscience christique, le reflet « unique » de l'Intelligence de Dieu le Père dans la sainte Vibration : il perçut d'abord son corps comme étant l'intégralité de la création vibratoire, dans laquelle son propre petit corps était inclus ; ensuite, à l'intérieur de son corps cosmique renfermant toute la création, il fit l'expérience de son unité avec la Présence immanente de Dieu en tant que Christ infini ou Intelligence universelle, une aura magnétique d'Amour divin béatifique dans laquelle la Présence divine enveloppe tous les êtres.

Dans la méditation profonde, telle qu'elle est pratiquée par ceux qui sont avancés dans la technique du *Kriya Yoga*, le fidèle connaît non seulement l'expansion dans la vibration de l'*Aum*, la « Voix du Ciel », mais il peut également suivre la lumière microcosmique de l'Esprit dans le « chemin direct » de la colonne vertébrale pour pénétrer dans la lumière de l'œil spirituel, la « colombe descendant du ciel ». [...]

Au moyen de ses deux yeux physiques, l'homme ne voit que son corps et une petite portion de la terre à la fois. Mais l'initiation ou le baptême spirituel reçu d'un authentique guru produit une expansion de la conscience. Quiconque peut voir, comme le fit Jésus, la colombe spirituelle descendre sur lui – c'est-à-dire peut contempler son œil spirituel d'omniscience omniprésente – et, en persévérant dans des méditations toujours plus profondes, peut faire pénétrer son regard à travers sa lumière, percevra le royaume entier d'Énergie cosmique et la conscience de Dieu existant à l'intérieur de celui-ci et au-delà, dans la Béatitude infinie de l'Esprit[1].

---

[1] Dans son *Autobiographie d'un yogi*, Paramahansa Yogananda écrivait: «L'illusion du monde, *maya*, se manifeste chez l'homme en tant qu'*avidya*, "non-connaissance", ignorance, illusion. *Maya* ou *avidya* ne peut jamais être détruite par la conviction ou l'analyse intellectuelle, mais uniquement en atteignant l'état intérieur de *nirbikalpa samadhi*. Les prophètes de l'Ancien Testament, comme les grands sages du monde entier et de toutes les époques, se sont tous exprimés à partir de cet état élevé de conscience.

«Ézéchiel a dit: "Il me conduisit à la porte, à la porte qui était du côté de l'Orient. Et voici, la gloire du Dieu d'Israël s'avançait de l'Orient. Sa voix était pareille au bruit des grandes eaux, et la terre resplendissait de sa gloire." À partir de l'œil divin situé au milieu du front (orient), le yogi fait entrer sa conscience dans l'omniprésence, entendant la Parole ou *Aum*, le son divin des "grandes eaux": les vibrations de lumière qui constituent l'unique réalité de la création.»

DEUXIÈME PARTIE

Une voie unique ou une voie universelle ?

*Les enseignements de Jésus sur
la « seconde naissance »,
comment atteindre le Ciel
et la « croyance en son nom »*

Le Christ à l'âge de 33 ans

« Il vous a été donné de connaître les mystères du royaume des cieux... »

CHAPITRE 4

La « seconde naissance » :
l'éveil de l'intuition de l'âme

La vérité cachée dans les paraboles de Jésus

Les disciples s'approchèrent, et lui dirent : « Pourquoi leur parles-tu en paraboles ? » Jésus leur répondit : « Parce qu'il vous a été donné de connaître les mystères du royaume des cieux, et que cela ne leur a pas été donné. [...] C'est pourquoi je leur parle en paraboles, parce qu'en voyant ils ne voient point, et qu'en entendant ils n'entendent ni ne comprennent » (Matthieu 13, 10-11, 13).

Lorsque les disciples de Jésus lui demandèrent pourquoi il enseignait aux gens au moyen des subtiles allégories des paraboles, il répondit : « Parce qu'il a été décrété que vous qui êtes mes véritables disciples, en vivant une existence spiritualisée et en disciplinant vos actions d'après mes enseignements, méritez, en vertu de votre éveil intérieur atteint dans vos méditations, de comprendre la vérité qui se cache derrière les impénétrables mystères célestes et de connaître la manière de parvenir au royaume de Dieu, la Conscience cosmique cachée derrière la création vibratoire de l'illusion cosmique.

« Mais les gens ordinaires, dont la réceptivité spirituelle n'est pas prête, ne sont pas capables de saisir ou de mettre en pratique ces principes de sagesse plus profonds. À partir de paraboles, ils glanent ce qu'ils peuvent comprendre de ces vérités plus simples contenues dans la sagesse que je leur transmets. En mettant en pratique ce qu'ils sont en mesure de recevoir, ils peuvent faire quelques progrès vers la rédemption. » [...]

Comment ceux qui sont réceptifs perçoivent-ils la vérité, alors que ceux qui sont non-réceptifs « en voyant ils ne voient point, et en entendant ils n'entendent ni ne comprennent » ? Les vérités ultimes du ciel et du royaume de Dieu, la réalité qui se trouve derrière les perceptions sensorielles et au-delà du raisonnement de l'esprit rationnel, ne peuvent être appréhendées que par l'intuition, c'est-à-dire en éveillant la connaissance intuitive, la pure compréhension de l'âme.

Mais il y eut un homme d'entre les pharisiens, nommé Nicodème, un chef des Juifs, qui vint, lui, auprès de Jésus, de nuit, et lui dit : « Rabbi, nous savons que tu es un docteur venu de Dieu ; car personne ne peut faire ces miracles que tu fais, si Dieu n'est avec lui. » Jésus lui répondit : « En vérité, en vérité, je te le dis, si un homme ne naît de nouveau, il ne peut voir le royaume de Dieu. »

Nicodème lui dit : « Comment un homme peut-il naître quand il est vieux ? Peut-il rentrer dans le sein de sa mère et naître à nouveau* ? »

Jésus répondit : « En vérité, en vérité, je te le dis, si un homme ne naît d'eau et d'Esprit, il ne peut entrer dans le royaume de Dieu. Ce qui est né de la chair est chair, et ce qui est né de l'Esprit est esprit. Ne t'étonne pas que je t'aie dit : "Il faut que vous naissiez de nouveau." Le vent souffle où il veut, et tu en entends le bruit ; mais tu ne sais d'où il vient, ni où il va. Il en est ainsi de tout homme qui est né de l'Esprit » (Jean 3, 1-8).

Nicodème rendit visite à Jésus secrètement pendant la nuit, car il craignait les critiques de sa communauté. Pour quelqu'un de sa position sociale, approcher cet instructeur controversé et déclarer sa foi en la stature divine de Jésus s'avérait être un acte de courage. Il affirmait avec révérence sa conviction que seul un maître qui est véritablement en communion avec Dieu pouvait mettre en action les lois supérieures qui gouvernent la vie intérieure de tous les êtres et de toutes les choses.

En récompense, le Christ dirigea directement l'attention de Nicodème vers la Source céleste de tous les phénomènes de la création (ceux qui sont ordinaires aussi bien que « miraculeux »), faisant remarquer succinctement que n'importe qui peut contacter cette Source et connaître les miracles qui en découlent, comme Jésus le faisait lui-même, en passant par la « seconde naissance », la naissance spirituelle de l'éveil intuitif de l'âme.

Les foules, qui faisaient preuve d'une curiosité superficielle et qui étaient attirées par des démonstrations de pouvoirs spectaculaires, ne reçurent qu'une infime part du trésor de sagesse de Jésus, mais grâce à sa sincérité manifeste, Nicodème parvint à obtenir du Maître des conseils précis mettant l'accent sur le Pouvoir et le But suprêmes sur lesquels l'homme doit se concentrer. Les miracles de la sagesse destinés à éclairer l'esprit sont supérieurs aux miracles produisant la guérison physique ou conduisant à la domination sur les forces de la nature ; et le miracle encore supérieur est celui consistant à guérir de la cause première de toutes formes de souffrances : l'ignorance née de l'illusion, qui cache l'unité existant entre l'âme humaine et Dieu. Cet état d'oubli primordial ne peut être surmonté que par la réalisation du Soi, c'est-à-dire à travers le pouvoir intuitif par lequel l'âme appréhende directement sa propre nature en tant qu'Esprit individualisé et perçoit l'Esprit en tant qu'essence de toutes choses.

Toutes les véritables religions révélées du monde sont fondées sur la connaissance intuitive. Chacune d'elles possède des caractéristiques exotériques ou extérieures, et un noyau ésotérique ou intérieur. L'aspect exotérique est l'image publique ; il inclut des préceptes moraux et un corpus de doctrines, de dogmes, de traités, de règles et de coutumes servant à guider l'ensemble de ses fidèles. L'aspect ésotérique inclut des méthodes qui mettent l'accent sur la véritable communion de l'âme avec Dieu. L'aspect exotérique est pour la majorité des fidèles tandis que l'aspect ésotérique est pour les quelques ardents chercheurs de vérité. C'est l'aspect ésotérique de la religion qui conduit à l'intuition, à la connaissance directe de la Réalité.

Le sublime *Sanatana Dharma* de la philosophie védique de l'Inde antique – résumé dans les Upanishads et dans les six systèmes classiques de la connaissance métaphysique, et incorporé de manière incomparable dans la Bhagavad Gita – est basé sur la perception intuitive de la Réalité transcendantale. Le bouddhisme, avec ses diverses méthodes pour contrôler l'esprit et approfondir la méditation, préconise la connaissance intuitive pour atteindre la transcendance du *nirvana*. Dans l'Islam, le soufisme s'ancre dans l'expérience mystique intuitive de l'âme[1]. À l'intérieur de la religion juive se trouvent des enseignements ésotériques fondés sur l'expérience intérieure du Divin, dont on trouve d'abondants témoignages dans l'héritage laissé par les prophètes divinement illuminés de la Bible. Les enseignements du Christ expriment pleinement cette réalisation. L'Apocalypse de l'apôtre Jean révèle de manière remarquable le pouvoir qu'a l'âme de percevoir intuitivement les vérités les plus profondes, le tout exprimé sous la forme de métaphores.

La « seconde naissance », dont Jésus évoque la nécessité pour entrer dans le royaume de Dieu, nous fait pénétrer dans le domaine de la perception intuitive de la vérité. Même si le Nouveau Testament ne contient pas le mot « intuition », il est rempli de références à la connaissance intuitive. En effet, les vingt-et-un versets décrivant la visite de Nicodème présentent, sous la forme de sentences épigrammatiques concises, caractéristiques des écritures orientales, les enseignements ésotériques complets de Jésus sur la façon concrète d'atteindre le royaume infini de la bienheureuse conscience divine.

Ces versets ont très souvent fait l'objet d'interprétations destinées à étayer des doctrines telles que celles-ci : le baptême du corps par l'eau constitue une condition nécessaire pour accéder au royaume de Dieu après la mort (Jean 3, 5) ; Jésus est le « Fils unique de Dieu » (Jean 3, 16) ; le simple fait de croire en Jésus est suffisant pour être sauvé, et tous ceux qui ont une croyance différente sont condamnés (Jean 3, 17-18).

Une telle lecture exotérique des Écritures fait disparaître dans le dogme l'universalité de la religion. La compréhension de la vérité ésotérique conduit au contraire à une vision d'unité.

« Si un homme ne naît de nouveau, il ne peut voir le royaume de Dieu. »

---

[1] Voir l'ouvrage de Paramahansa Yogananda : *Wine of the Mystic: The Rubaiyat of Omar Khayyam — A Spiritual Interpretation* (publié par la Self-Realization Fellowship).

En choisissant de prononcer ces mots, Jésus fait allusion au fait que la doctrine spirituelle orientale de la réincarnation lui est familière. L'une des significations à retirer de ce précepte est que l'âme doit naître de nombreuses fois dans divers corps jusqu'à ce qu'elle s'éveille à nouveau et réalise sa perfection originelle. C'est un faux espoir de croire qu'à la mort physique l'âme entre automatiquement au paradis pour vivre éternellement une existence angélique. L'homme ne peut entrer dans le royaume de Dieu s'il n'a pas d'abord atteint la perfection en éliminant de l'image divine individualisée de son âme tous résidus de karma (les effets de ses propres actions[1]). Une personne ordinaire ne peut pas libérer son âme en une seule vie car, par ses actions erronées et ses désirs matériels, elle crée en permanence de nouvelles contraintes karmiques qui viennent s'additionner aux effets karmiques accumulés au cours des nombreuses incarnations précédentes. Il faut de nombreuses vies d'évolution physique, mentale et spirituelle pour éliminer tous les obstacles karmiques qui entravent l'intuition de l'âme, la connaissance pure sans laquelle on ne peut « voir le royaume de Dieu ».

La principale signification des paroles que Jésus adresse à Nicodème va au-delà d'une référence implicite à la réincarnation. Ceci apparaît clairement lorsque Nicodème demande davantage d'explications quant à la manière dont un *adulte* peut atteindre le royaume de Dieu : doit-il entrer à nouveau dans le sein de sa mère et renaître ? Dans les versets suivants, Jésus explique comment une personne peut « naître à nouveau » pendant sa présente incarnation ou comment une âme qui s'identifie au corps et aux limitations des sens peut parvenir avec la méditation à une nouvelle naissance dans la Conscience cosmique.

« *Si un homme ne naît d'eau et d'Esprit, il ne peut entrer dans le royaume de Dieu.* »

« Naître d'eau » est généralement interprété comme une obligation d'effectuer le rituel extérieur du baptême par l'eau – une renaissance symbolique – afin de gagner le droit d'entrer dans le royaume de Dieu

---

[1] « Soyez donc parfaits, comme votre Père céleste est parfait » (Matthieu 5, 48).

après la mort. Mais Jésus n'a pas mentionné de *re*-naissance où l'eau jouerait un rôle quelconque. L'«eau», ici, désigne le protoplasme; le corps est essentiellement composé d'eau et son existence terrestre a commencé dans le liquide amniotique du ventre de la mère. Bien que l'âme doive passer par le processus naturel de la naissance que Dieu a établi au travers de Ses lois biologiques, la naissance physique ne suffit pas à rendre l'homme apte à voir le royaume de Dieu ou à y entrer.

Le commun des mortels a sa conscience emprisonnée dans la chair et, par ses deux yeux physiques, il ne peut voir qu'à l'intérieur du minuscule théâtre de cette terre et de la voûte étoilée qui l'entoure. À travers les petites fenêtres des cinq sens tournés vers l'extérieur, les âmes prisonnières du corps ne sont en mesure de percevoir aucune des merveilles qui se trouvent au-delà des confins de la matière.

Lorsqu'une personne est en avion, dans les airs, elle ne voit aucune frontière, seulement l'horizon sans limites de l'espace et des cieux. Mais si elle se trouve enfermée dans une pièce, entourée de murs sans fenêtres, elle perd la vision de l'immensité.

De même, lorsque l'âme humaine quitte l'infinité de l'Esprit pour entrer dans un corps mortel limité par les sens, ses expériences extérieures sont confinées au domaine de la matière. Ainsi, Jésus faisait allusion au fait, comme l'affirment les scientifiques modernes, que nous ne pouvons voir et connaître que ce que les instruments limités des sens et de la raison nous permettent de voir et de connaître.

De même qu'avec un tout petit télescope de cinq centimètres il est impossible de voir les détails d'étoiles lointaines, de même Jésus disait que l'homme ne peut ni voir ni connaître quoi que ce soit du royaume céleste de Dieu par le pouvoir limité de son esprit et de ses sens. En revanche, un grand télescope de cinq mètres permet à l'homme de scruter les vastes étendues de l'espace rempli d'étoiles; et de la même façon, en développant son sens de l'intuition par la méditation, l'être humain peut contempler le royaume causal et astral de Dieu et avoir accès à ce royaume – là où naissent toutes les pensées, toutes les étoiles et toutes les âmes.

Jésus souligne qu'une fois que l'âme humaine s'est incarnée – est née de l'eau, ou protoplasme – l'homme doit transcender les limitations terrestres imposées au corps grâce à son évolution personnelle. Par l'éveil du « sixième sens », l'intuition, et l'ouverture de l'œil spirituel, sa conscience illuminée pourra pénétrer dans le royaume de Dieu. Au cours de cette seconde naissance, le corps demeure le même, mais la conscience de l'âme, au lieu d'être prisonnière du plan matériel, est libre de parcourir l'empire illimité et éternellement joyeux de l'Esprit.

La volonté de Dieu était que Ses enfants humains vivent sur terre en ayant une perception éveillée de l'Esprit qui imprègne toute la création et puissent ainsi apprécier, comme un divertissement cosmique, la pièce onirique qui s'y joue. Seul parmi les créatures vivantes, le corps humain, en tant que création spéciale de Dieu, a été doté des instruments et des capacités nécessaires pour exprimer pleinement le potentiel divin de l'âme. Mais à cause de l'illusion imposée par Satan, l'homme ignore ses facultés supérieures et reste attaché à sa forme charnelle limitée et à ses attributs mortels.

En tant qu'âmes individualisées, l'Esprit déploie progressivement Sa faculté de connaissance à travers les étapes successives de l'évolution : sous la forme de réaction inconsciente chez les minéraux ; sous la forme de sensation dans la vie végétale ; sous la forme de connaissance instinctive et sensible chez les animaux ; sous la forme d'intellect, de raison et d'intuition introspective non encore développée chez l'homme ; et sous la forme d'intuition pure chez le surhomme.

On dit qu'après huit millions de vies à parcourir les étapes successives de l'évolution ascendante à travers les cycles d'incarnations, l'âme, comme un fils prodigue, arrive enfin à s'incarner dans un corps humain. À l'origine, les êtres humains étaient de purs fils de Dieu. Personne, à l'exception des saints, ne connaît la conscience divine dont jouissaient Adam et Ève. Depuis la Chute ou le péché originel, c'est-à-dire quand l'être humain fit une mauvaise utilisation de son indépendance, celui-ci a perdu cet état de conscience divine en s'identifiant à l'ego charnel et ses désirs terrestres. En effet, il n'est pas rare de rencontrer des personnes uniquement mues par leur instinct qui ressemblent plus à des animaux qu'à des êtres humains utilisant leur raison. L'esprit de ces personnes est tellement tourné vers la matière que lorsqu'on parle de nourriture, de sexe ou d'argent, elles comprennent et réagissent par réflexe, comme le fameux chien de Pavlov qui salivait dès qu'il était soumis à des stimuli. Mais essayez d'engager avec elles une discussion philosophique sensée au sujet de Dieu ou du mystère de la vie et leur réaction perplexe vous indiquera qu'elles prennent leur interlocuteur pour un fou.

L'homme spirituel essaie de se libérer de la matérialité qui est la cause de ses errances de fils prodigue dans le dédale des incarnations, mais l'homme ordinaire n'aspire à rien d'autre qu'une amélioration de sa propre existence terrestre. De même que l'instinct confine l'animal dans des limites prescrites, la raison enferme l'être humain qui n'essaie pas de développer son intuition et de devenir ainsi un être humain supérieur. La personne qui voue un culte à la raison seule et n'est pas consciente d'avoir à sa disposition le pouvoir de l'intuition – grâce auquel elle peut se connaître en tant qu'âme – n'est guère plus qu'un animal rationnel qui a perdu contact avec l'héritage spirituel constituant son droit de naissance.

Le corps né de la chair a les limitations de la chair, alors que l'âme, née de l'Esprit, possède des facultés potentiellement illimitées. Par la méditation, la conscience de l'homme se trouve transférée du corps à l'âme et, grâce à la capacité d'intuition de l'âme, l'homme se connaît lui-même non en tant que corps mortel (un phénomène de nature objective), mais en tant que conscience immanente et immortelle, une avec l'Essence divine nouménale.

L'homme reste fermement convaincu qu'il est essentiellement un corps, bien qu'il reçoive quotidiennement la preuve du contraire. Toutes les nuits, au cours du sommeil ou de la « petite mort », il rejette toute identification à sa forme corporelle et renaît en tant que conscience invisible. Pourquoi l'homme ressent-il le besoin irrépressible de dormir ? Parce que le sommeil lui rappelle ce qui se trouve au-delà de l'état de sommeil : l'état de l'âme. L'existence mortelle serait difficilement supportable pour l'homme s'il n'avait pas au moins un contact subconscient avec l'âme, lequel lui est procuré par le sommeil.

La nuit, l'homme abandonne son corps pour entrer dans la subconscience et devient un ange ; le jour, il devient une fois de plus un démon car les désirs et les sensations du corps le gardent séparé de l'Esprit divin. Grâce à la méditation du *Kriya Yoga*, l'homme peut être un dieu même le jour, comme le Christ et les grandes âmes. Il dépasse alors l'état subconscient pour entrer dans l'état superconscient, et il dissout sa conscience du corps dans l'extase divine. Celui qui est capable de faire cela naît une seconde fois.

Cette terre est un lieu rempli de tourments et de souffrances, mais le royaume de Dieu qui se trouve derrière ce plan matériel est une demeure de liberté et de béatitude. L'âme de l'homme qui s'éveille spirituellement a suivi un chemin durement acquis (au cours de nombreuses incarnations d'évolution ascendante) afin d'arriver à la condition humaine et d'avoir la possibilité de reconquérir sa propre divinité perdue. Pourtant, combien de naissances humaines ont été gaspillées à se préoccuper de nourriture ou d'argent, à rechercher des satisfactions corporelles ou à se complaire dans des émotions égoïstes ! Chaque personne devrait se demander comment elle utilise les précieux instants de son incarnation présente. Le corps de tous les êtres humains finit par se détériorer cruellement ; n'est-il pas préférable de séparer l'âme de la conscience corporelle et de considérer le corps comme le temple de l'Esprit ? Ô Âme, tu n'es pas le corps ; pourquoi ne pas toujours te souvenir que tu es l'Esprit de Dieu[1] ?

Jésus a dit que nous devons rétablir notre lien avec l'Éternité ; et pour cela nous devons renaître. Afin d'atteindre cet objectif, l'homme a deux solutions : soit suivre le chemin tortueux des réincarnations pour épuiser son propre karma, soit – par une technique telle que le *Kriya Yoga* et l'aide d'un véritable guru – éveiller en lui la faculté divine de l'intuition et se connaître en tant qu'âme, c'est-à-dire naître à nouveau dans l'Esprit. Par cette dernière méthode, il peut voir le royaume de Dieu et y avoir accès dans sa présente incarnation.

---

[1] « Ne savez-vous pas que vous êtes le temple de Dieu, et que l'Esprit de Dieu habite en vous ? » (I Corinthiens 3, 16).

Tôt ou tard, après de nombreuses ou quelques incarnations douloureuses, l'âme présente en chaque être humain lancera un cri de protestation pour lui rappeler que sa demeure n'est pas ici, et celui-ci commencera à s'engager sérieusement sur la voie le ramenant au royaume divin qui lui appartient de droit. Lorsqu'une personne est réellement désireuse de connaître la Vérité, Dieu lui envoie un maître et, à travers la dévotion et la réalisation de ce dernier, Il plante la graine de Son amour dans le cœur de cette personne.

La naissance humaine nous est donnée par les parents; mais la naissance spirituelle est donnée par le guru mandaté par Dieu. Dans la tradition védique de l'Inde antique, le nouveau-né est appelé *Kayastha*, qui signifie « identifié au corps ». Les deux yeux physiques, qui regardent le monde matériel plein d'attraits, sont transmis par les parents; mais au moment de l'initiation, ou baptême spirituel, c'est le guru qui ouvre l'œil spirituel. Grâce à l'aide du guru, l'initié apprend à se servir de cet œil télescopique pour voir l'Esprit et devient alors *dwija*, « deux fois né » – le même terme métaphysique que celui utilisé par Jésus. Il continue ensuite à évoluer vers l'état de *brahmane*, celui qui connaît Brahman ou l'Esprit.

L'âme reliée au corps, qui est élevée dans l'Esprit par le contact avec Dieu, naît une seconde fois dans l'Esprit. Hélas, même en Inde, cette initiation faisant passer de la conscience corporelle à la conscience spirituelle est devenue une simple formalité, un rituel de caste célébré par des prêtres ordinaires pour de jeunes garçons brahmanes, équivalente à la cérémonie symbolique du baptême par l'eau. Mais Jésus, à l'instar des grands maîtres hindous des temps anciens et modernes, conférait le véritable baptême de l'Esprit: « le baptême avec le Saint-Esprit, et le feu ». Un authentique guru est celui qui peut changer les cellules cérébrales du disciple grâce au courant spirituel que Dieu déverse dans sa conscience illuminée. Tous ceux qui sont en harmonie avec le guru sentiront ce changement – c'est-à-dire ceux qui méditent sincèrement et profondément, et qui apprennent à envoyer le courant divin dans les cellules du cerveau, comme dans la pratique du *Kriya Yoga*. L'âme est liée au corps par les cordes du karma, tressées par des vies d'habitudes, de comportements et de désirs matériels. Seul le courant vital peut changer notre vie, en effaçant ces millions de traces karmiques. Alors, nous naissons à nouveau;

l'âme ouvre la fenêtre intérieure qui révèle son unité avec l'Esprit et accède à la perception de la merveilleuse omniprésence de Dieu.

Ainsi, le terme « né à nouveau » signifie bien plus que simplement adhérer à une église et recevoir la cérémonie du baptême. La croyance religieuse seule ne donnera pas à l'âme une place permanente au ciel après la mort ; il est nécessaire d'établir en soi la communion avec Dieu dès maintenant. Les êtres humains deviennent des anges sur terre, et non dans les cieux. C'est au point précis où une personne a été arrêtée dans son évolution au moment de la mort qu'elle devra recommencer dans une nouvelle incarnation. Après le sommeil, on est le même qu'on était avant de dormir ; après la mort, on reste également le même qu'on était avant de mourir.

C'est pourquoi le Christ et les Maîtres disent qu'il est nécessaire de devenir saint avant que n'advienne le sommeil de la mort. Cela ne peut se faire en remplissant l'esprit d'attachements terrestres et de distractions inutiles. Celui qui est occupé tout entier à amasser des trésors sur terre n'a pas le temps de s'occuper de Dieu ; tandis que celui dont les pensées sont focalisées sur Dieu n'a pas besoin de beaucoup de choses pour remplir sa vie. C'est en se libérant des désirs terrestres que l'on parvient à accéder au royaume de Dieu. Le Seigneur attend patiemment que l'homme Lui accorde cent pour cent de sa dévotion ; à ceux qui Le cherchent avec diligence chaque jour et qui obéissent à Ses commandements par une conduite vertueuse, Il ouvre la porte du royaume de Sa présence.

Même si j'assiste à une multitude de conférences sur le soleil et sur la beauté de la nature, cela ne me permettra pas de les voir si mes yeux sont clos. C'est ainsi que les gens ne voient pas Dieu qui est présent en toutes choses s'ils n'ont pas auparavant ouvert leur œil spirituel de perception intuitive. Lorsqu'une personne réussit à percevoir qu'elle n'est pas le corps mortel mais une étincelle de l'Esprit infini, revêtue d'une concentration d'énergie vitale, elle est capable de voir le royaume de Dieu. Elle prend conscience que son corps et l'univers ne sont pas composés d'une matière qui emprisonne l'âme, mais d'énergie et de conscience indestructibles et en continuelle expansion. La science a prouvé cette vérité ; et chaque individu peut en faire l'expérience. Grâce au *Kriya Yoga*, chacun peut réaliser avec une certitude inébranlable qu'il est cette merveilleuse Lumière et Conscience de l'Esprit.

Ô homme, combien de temps encore demeureras-tu un animal rationnel ? Pendant combien de temps t'efforceras-tu en vain de scruter les étendues sans fin de la création avec pour seuls instruments les yeux myopes de tes sens et de ta raison ? Pendant combien de temps seras-tu obligé de satisfaire les exigences de ta nature animale ? Débarrasse-toi de toutes ces chaînes qui t'emprisonnent ; connais-toi en tant qu'être immortel, doté de pouvoirs et de facultés illimités. Mets fin à ce rêve millénaire qui fait de toi un animal rationnel ! Réveille-toi ! Tu es doté d'intuition, tu es un enfant de l'immortalité !

CHAPITRE 5

« Élever le Fils de l'homme »
à la conscience divine

Nicodème lui dit : « Comment cela peut-il se faire ? »

Jésus lui répondit : « Tu es le docteur d'Israël, et tu ne sais pas ces choses ! En vérité, en vérité, je te le dis, nous disons ce que nous savons, et nous rendons témoignage de ce que nous avons vu ; et vous ne recevez pas notre témoignage. Si vous ne croyez pas quand je vous ai parlé des choses terrestres, comment croirez-vous quand je vous parlerai des choses célestes ?

« Personne n'est monté au ciel, si ce n'est celui qui est descendu du ciel, le Fils de l'homme qui est dans le ciel. Et comme Moïse éleva le serpent dans le désert, il faut de même que le Fils de l'homme soit élevé, afin que quiconque croit en lui ait la vie éternelle » (Jean 3, 9-15).

Jésus, s'adressant à Nicodème, fit observer que le simple fait d'occuper la charge honorifique de maître de la maison d'Israël ne garantissait pas la compréhension des mystères de la vie. On accorde souvent à des gens des titres religieux en se basant sur leur connaissance intellectuelle des Écritures ; mais l'entière compréhension des profondes vérités ésotériques ne peut être obtenue que par l'expérience intuitive.

« Nous disons ce que nous savons » se réfère à une connaissance plus profonde que les informations obtenues par le biais de l'intellect et de la raison qui dépendent des sens. Les sens étant limités, la compréhension intellectuelle l'est aussi. Les sens et l'esprit sont les portes extérieures à travers lesquelles la connaissance passe dans la conscience. La connaissance humaine s'infiltre à travers les sens et est interprétée par l'esprit. Si les sens se trompent dans la perception d'un certain fait, la conclusion qui découle de l'interprétation de ces données est également incorrecte.

Un voile blanc flottant au loin peut ressembler à un fantôme, et une personne superstitieuse croira qu'il s'agit d'un fantôme ; mais si cette personne observe de plus près, elle verra que sa conclusion était erronée. Les sens et l'intellect sont facilement trompés parce qu'ils sont incapables de saisir la nature réelle, la substance et le caractère essentiels des choses créées.

Jésus, de par son intuition, avait une totale compréhension des noumènes soutenant le fonctionnement du cosmos et de ses diverses formes de vie ; c'est pourquoi il pouvait affirmer avec autorité : « Nous savons. »

Jésus était en harmonie avec le plan grandiose de la manifestation, caché derrière tout l'espace et caché à la vision terrestre. Mais il ne pouvait parler ouvertement de ses perceptions omniprésentes aux esprits hostiles – même les vérités qu'il prononça le menèrent à la crucifixion ! Ainsi, il dit à Nicodème : « Si je te parle de choses relatives aux âmes humaines qui sont présentes de façon visible sur terre, et de comment elles peuvent entrer dans le royaume de Dieu, et que tu ne me crois pas, alors comment peux-tu me croire si je te parle de ce qui se passe dans les royaumes célestes, qui sont totalement cachés au regard humain ordinaire ? »

Bien que Jésus regrettât que Nicodème doutât des révélations intuitives que son état christique lui permettait de faire, il poursuivit avec une patience indulgente pour expliquer à son visiteur la façon dont ce dernier – comme n'importe quel autre chercheur de vérité – pouvait faire lui-même l'expérience de ces révélations.

Nombreux sont ceux qui doutent du ciel parce qu'ils ne le voient pas. Pourtant, ils ne doutent pas de la brise qui souffle même si elle est invisible. Ils la reconnaissent par le son qui l'accompagne, la sensation qu'elle produit sur la peau, et le mouvement qu'elle provoque dans les feuilles et d'autres objets. De même, tout l'univers vit, se meut, respire grâce à la présence invisible de Dieu dans les forces célestes dissimulées derrière la matière.

Un jour, un homme donna des olives à un autre homme qui n'en avait jamais vues et dit : « Elles contiennent beaucoup d'huile. » L'autre homme coupa les fruits, sans parvenir à y voir de l'huile – jusqu'à ce que son ami lui montre comment presser les olives pour en extraire l'huile de la pulpe. Il en est ainsi de Dieu. Tout dans l'univers est saturé de Sa présence : les étoiles scintillantes, la rose, le chant de l'oiseau, notre esprit. Son Être imprègne toutes choses, en tous lieux. Mais il faut métaphoriquement « presser » Dieu pour Le faire sortir de Sa cachette matérielle.

La concentration intérieure est le meilleur moyen de prendre conscience du subtil et prolifique paradis caché derrière cet univers grossier. L'isolement est le prix de la grandeur et du contact avec Dieu. Tous ceux qui sont désireux d'arracher du temps à ce monde matériel insatiable pour le consacrer, à la place, à la recherche de Dieu pourront apprendre à contempler la merveilleuse fabrique de la création où naissent toutes choses. Toute âme qui s'est incarnée physiquement est descendue des sphères célestes causale et astrale, et toute âme peut y remonter en se retirant dans le « désert » du silence intérieur et en pratiquant la méthode scientifique consistant à élever la force vitale et la conscience afin de passer de l'identification avec le corps à l'union avec Dieu.

« Personne n'est monté au ciel, si ce n'est celui qui est descendu du ciel, le Fils de l'homme qui est dans le ciel. Et comme Moïse éleva le serpent dans le désert, il faut de même que le Fils de l'homme soit élevé » (Jean 3, 13-14).

Ce passage est très important et peu compris. Pris littéralement, les mots « éleva le serpent » sont au mieux une ambiguïté classique des Écritures. En fait, tout symbole possède une signification cachée qui doit être interprétée correctement.

Le mot « serpent » fait ici métaphoriquement référence à la conscience et à la force vitale de l'homme qui se trouvent lovées dans le subtil passage en spirale situé à la base de la colonne vertébrale et dont le flux dirigé vers la matière doit être inversé pour permettre à l'homme de se défaire de son attachement au corps et d'accéder à nouveau à la liberté de la superconscience.

En tant qu'âmes, nous étions tous, à l'origine, dans le sein de Dieu. L'Esprit projeta le désir de créer une expression individualisée de Luimême. L'âme est alors manifestée et projette l'idée du corps dans une forme causale. L'idée devient énergie, ou corps astral biotronique. Le corps astral se condense pour devenir le corps physique. L'âme descend à travers le passage spinal intégré de ces trois véhicules corporels et s'identifie au corps matériel et à la matière grossière.

« Celui qui est descendu du ciel » désigne le corps physique. (Jésus fait référence au corps humain sous le terme d'« homme » ; à travers tous les Évangiles, il a parlé de son propre corps physique en tant que « Fils de l'homme », à distinguer de sa Conscience christique, le « Fils de Dieu ».) L'homme descend des plans célestes de la création divine lorsque son âme, vêtue de son corps causal – issu d'idées condensées de Dieu – et de son corps astral de lumière, prend un revêtement extérieur fait de substance matérielle. Ainsi, ce n'est pas seulement Jésus, mais tous les enfants de Dieu qui sont « descendus du ciel ».

Aucun corps humain n'est monté au ciel, dont l'essence éthérique n'abrite pas de formes corporelles ; mais toutes les âmes peuvent entrer dans les royaumes célestes et y entreront lorsque, par le biais de la mort ou de la transcendance spirituelle, elles se libéreront de leur conscience physique et se connaîtront en tant qu'êtres angéliques revêtus de pensées et de lumière.

Nous sommes tous faits à l'image de Dieu, nous sommes tous faits de conscience immortelle revêtue de lumière céleste diaphane : un héritage divin qui se trouve enfoui sous la chair grossière. Cet héritage, nous ne pouvons en prendre possession que par la méditation. Il n'existe pas d'autre moyen ; on ne peut le découvrir en lisant des livres ou en se livrant à l'étude philosophique, mais seulement par la dévotion, la prière incessante et la méditation scientifique qui élève notre conscience vers Dieu.

Jésus a parlé d'une vérité extraordinaire, lorsqu'il a mentionné « le Fils de l'homme qui est dans le ciel ». Les âmes ordinaires voient leur corps (« le Fils de l'homme ») se promener seulement sur terre, mais les âmes libérées, comme Jésus, demeurent simultanément dans le royaume physique et dans les royaumes célestes astral et causal. [...]

Ainsi, les paroles de Jésus sont très simples et en même temps merveilleuses : tout en résidant dans un corps du monde physique, il se voyait en tant que rayon de Dieu descendant du ciel. Il démontra ceci de manière probante après sa mort, en recréant son corps physique à partir de rayons de lumière cosmique créatrice, et, plus tard, en le dématérialisant en présence de ses disciples lorsqu'il remonta au ciel. […]

Pendant son incarnation voulue par Dieu, alors qu'il se trouvait efficacement engagé dans l'œuvre du Père céleste au sein du monde, Jésus pouvait proclamer en vérité : « Je suis dans le ciel ». Il s'agit là de l'extase la plus élevée de conscience divine, désignée par les yogis sous le nom de *nirbikalpa samadhi*, un état extatique « sans différence » entre la conscience tournée vers l'extérieur et l'union divine intérieure. Dans le *sabikalpa samadhi*, « avec différence » – un état de moindre exaltation – l'on n'est pas conscient du monde extérieur ; le corps entre dans une transe inerte tandis que la conscience se trouve immergée dans une union consciente avec Dieu. Les maîtres les plus avancés sont capables d'être pleinement conscients de Dieu sans en montrer aucun signe corporel : le fidèle s'enivre de Dieu tout en étant simultanément conscient de son environnement extérieur et pleinement actif dans celui-ci, si tel est son choix.

Cette affirmation de Jésus est d'un grand encouragement pour toutes les âmes : Bien que l'homme soit assailli par les difficultés inhérentes à toute incarnation dans un corps physique, Dieu lui a donné le potentiel de demeurer dans un état de conscience divine indépendamment des circonstances extérieures. Une personne ivre emmène son ivresse avec elle où qu'elle aille. Celui qui est malade est constamment préoccupé par sa maladie. Celui qui est heureux déborde en permanence de bonne humeur. Et celui qui est conscient de Dieu jouit de cette Béatitude suprême, qu'il soit actif dans le monde extérieur ou absorbé dans la communion intérieure.

À maintes reprises dans les Évangiles, Jésus insiste sur le fait que ce qu'il a atteint, tous peuvent l'atteindre. Sa remarque suivante faite à Nicodème montre de quelle manière cela est possible :

« Et comme Moïse éleva le serpent dans le désert, il faut de même que le Fils de l'homme soit élevé, afin que quiconque croit en lui ait la vie éternelle. »

Jésus affirme ici que chaque fils de l'homme, ou chaque conscience corporelle, doit être élevé du plan des sens au royaume astral en inversant le flux de la force vitale, d'ordinaire dirigé vers la matière, et en le faisant monter dans la colonne vertébrale à travers le passage serpentin situé à la base de celle-ci : le fils de l'homme est élevé lorsque cette force serpentine l'est, « comme Moïse éleva le serpent dans le désert ». Nous devons effectuer cette ascension, tout comme Moïse qui, dans le désert spirituel du silence intérieur dans lequel tous ses désirs avaient disparu, éleva son âme de la conscience du corps à la conscience de Dieu en suivant le même chemin qu'elle avait emprunté pour descendre dans la matière.

Comme il a été expliqué précédemment, les trois corps physique, astral et causal de l'homme sont liés ensemble et travaillent à l'unisson du fait que la force vitale et la conscience sont étroitement entrelacées dans les sept centres cérébro-spinaux. Le lien final, dans l'ordre descendant, est un nœud enroulé en spirale et situé à la base de la colonne vertébrale qui empêche l'ascension de la conscience dans le royaume astral céleste. À moins que l'on ne sache comment défaire ce nœud d'énergie astrale et physique, la force vitale et la conscience restent attirées par le royaume matériel et continuent de se déverser vers l'extérieur dans le corps physique et la conscience sensorielle.

La plupart du temps, l'énergie utilise un mouvement en spirale pour se déplacer à travers l'espace. Il s'agit là d'un schéma omniprésent dans l'architecture macrocosmique et microcosmique de l'univers. À partir des nébuleuses galactiques – le berceau cosmique de toute la matière –, l'énergie se répand selon des schémas en spirale, circulaires ou semblables à des vortex. Le même thème se répète dans la danse orbitale des électrons autour de leur noyau atomique et – comme indiqué dans les Écritures hindoues de l'antiquité – dans celle des planètes, des soleils et des systèmes stellaires tournant dans l'espace autour d'un grand centre de l'univers. De nombreuses galaxies sont en forme de spirale ; et d'innombrables autres phénomènes de la nature, comme les plantes, les animaux, les vents et les tempêtes, mettent en évidence de manière similaire des volutes invisibles d'énergie qui sous-tendent leur forme et leur structure. Il en va de même de la « force serpent » (*kundalini*) qui se trouve dans le microcosme du corps humain : le courant enroulé à la base de la colonne vertébrale est une formidable dynamo de vie qui, lorsqu'elle est dirigée vers l'extérieur, soutient le corps physique et sa conscience sensorielle ; et qui, lorsqu'elle est consciemment dirigée vers le haut, révèle les merveilles des centres cérébro-spinaux astraux.

Lorsque l'âme, déjà enfermée dans les enveloppes subtiles de ses corps causal et astral, s'incarne physiquement au moment de la conception, la cellule germe, née de l'union du spermatozoïde et de l'ovule, donne naissance au corps entier en commençant par les premiers rudiments du bulbe rachidien, du cerveau et de la moelle épinière.

De son siège initial situé dans le bulbe rachidien, l'énergie vitale intelligente du corps astral s'écoule vers le bas – activant les facultés particulières des *chakras* cérébro-spinaux astraux qui créent et vitalisent la colonne vertébrale, le système nerveux et tous les organes du corps physique. Lorsque la force vitale originelle a achevé son travail de création du corps, elle se met en repos dans un passage enroulé en spirale situé dans le centre le plus bas de la colonne vertébrale, ou centre coccygien. La configuration enroulée en spirale de ce centre astral donne à l'énergie vitale qui s'y trouve le nom de *kundalini* ou force serpent (du sanskrit *kundala*, « enroulé en spirale »). Son travail créateur achevé, la force vitale concentrée dans ce centre est appelée *kundalini* « dormante », car au fur et à mesure qu'elle se déverse vers l'extérieur dans le corps pour animer de façon permanente la région physique des sens – de la vue, de l'ouïe, de l'odorat, du goût et du toucher, et de la force physique créatrice du sexe, liée à la matière –, elle conduit la conscience à s'identifier de manière tenace aux rêves trompeurs des sens, à leur domaine d'activités et à leurs désirs.

Moïse, Jésus et les yogis hindous connaissaient tous le secret de la vie spirituelle scientifique. Ils démontrèrent unanimement que toute personne qui est encore attachée au plan physique doit apprendre à maîtriser l'art de retirer la force serpent de la conscience sensorielle du corps en la faisant monter dans la colonne vertébrale, de manière à effectuer intérieurement les premiers pas sur le chemin de retour vers l'Esprit divin.

N'importe quel saint de n'importe quelle religion ayant atteint la conscience divine a, en effet, retiré sa conscience et sa force vitale des régions sensorielles pour les diriger, à travers le passage spinal et les plexus, vers le centre de la conscience divine situé dans le cerveau et de là vers l'Esprit omniprésent.

Lorsque quelqu'un est assis, immobile et silencieux, la force vitale s'écoulant dans les nerfs est en partie calmée parce qu'elle a été retirée des muscles ; son corps est momentanément détendu. Mais sa paix peut être aisément perturbée par tout bruit ou toute autre sensation qui l'atteint, dans la mesure où l'énergie vitale qui continue de s'écouler vers l'extérieur à travers le passage en spirale garde les sens actifs.

Dans le sommeil, les forces vitales astrales sont retirées non seulement des muscles, mais aussi des organes des sens. Toutes les nuits, chaque être humain opère un retrait de la force vitale à l'intérieur du corps, quoique de façon inconsciente ; l'énergie et la conscience du corps se retirent dans la région du cœur, de la colonne vertébrale et du cerveau, donnant à l'être humain la paix régénératrice du contact subconscient avec l'âme, la dynamo divine de toutes ses facultés. Pourquoi le sommeil procure-t-il de la joie à l'être humain ? Parce qu'en se trouvant dans l'état de sommeil profond et sans rêve il n'est plus conscient du corps, ses limitations physiques sont oubliées et son esprit entre temporairement en contact avec un état plus élevé de conscience.

Le yogi connaît l'art scientifique de retirer consciemment l'énergie et la conscience des nerfs sensoriels, de manière à ce qu'aucun élément perturbateur de la vue, de l'ouïe, du toucher, du goût ou de l'odorat ne puisse pénétrer dans le sanctuaire intérieur de sa méditation saturée de paix. En temps de guerre, les soldats postés pendant des jours sur les lignes de front sont capables de s'endormir malgré le vacarme incessant de la bataille, grâce au processus physique qui permet à l'énergie de se retirer inconsciemment des organes auditifs et d'autres organes sensoriels. Le yogi soutient que cela peut être fait de manière consciente. Par la connaissance et par l'application des lois définies et des techniques scientifiques permettant d'atteindre la concentration, les yogis débranchent les sens à volonté – allant ainsi au-delà du sommeil subconscient pour entrer dans l'intériorisation superconsciente emplie de béatitude.

Tous les êtres humains ont appris à entrer dans l'état subconscient durant le sommeil; et tout le monde peut de la même manière maîtriser l'art de l'extase superconsciente qui procure une expérience infiniment plus agréable et régénératrice que celle qui peut être tirée du sommeil. Cet état supérieur nous confère la conscience permanente que la matière est la condensation des idées nées de l'imagination de Dieu, de la même manière que dans le sommeil nos rêves et nos cauchemars sont les créations éphémères de nos propres pensées, condensées ou « figées » dans des expériences visuelles grâce au pouvoir d'objectivation de notre imagination. Une personne qui rêve ne sait pas que son cauchemar est irréel tant qu'elle ne s'est pas réveillée. De la même manière, ce n'est qu'en s'éveillant dans l'Esprit – en atteignant l'unité avec Dieu dans le *samadhi* – que l'homme peut chasser le rêve cosmique de l'écran de sa conscience individualisée.

L'ascension dans l'Esprit n'est pas facile, car lorsqu'on est conscient du corps, on est aussi sous l'emprise de sa « seconde nature » faite d'humeurs et d'habitudes tenaces. C'est sans faiblesse ni hésitation que l'on doit vaincre les désirs du corps. Un « fils de l'homme » confiné dans le corps ne peut pas accéder à la liberté céleste, simplement en en parlant; il doit savoir comment dénouer le nœud de la force *kundalini* enroulée à la base de la colonne vertébrale afin de transcender les limitations de sa prison de chair.

Chaque fois que l'on médite profondément, on contribue automatiquement à réorienter le flux de la force vitale et de la conscience de la matière vers Dieu. Si le courant présent dans le nœud astral situé à la base de la colonne vertébrale n'est pas élevé par une vie droite, de bonnes pensées et la méditation, alors les pensées matérialistes, les pensées profanes, les pensées viles prennent une place prépondérante dans la vie de l'homme. Avec chaque bonne action qu'il accomplit, l'homme « monte au ciel » car son esprit se focalise davantage sur le Centre christique de la perception céleste; avec chaque mauvaise action, l'homme descend dans la matière où son attention se laisse captiver par les fantômes de l'illusion.

❖ ❖ ❖

Éveiller la force *kundalini* est extrêmement difficile et ne peut pas se faire par hasard. Des années de méditation assidue sous la direction d'un guru qualifié sont requises avant que l'on ne puisse espérer libérer le corps astral céleste de sa dépendance envers sa prison physique par l'éveil de la *kundalini*. Celui qui est capable d'éveiller la *kundalini* s'approche à grand pas de l'état christique. L'ascension à travers ce passage enroulé en spirale ouvre l'œil spirituel dont la vision sphérique, accompagnée de la lumière vibratoire des forces célestes, révèle alors l'univers entier entourant le corps.

Les sens de la vue, de l'ouïe, du goût, du toucher et de l'odorat sont semblables à cinq projecteurs braqués sur la matière. Lorsque son énergie vitale se déverse vers l'extérieur à travers ces faisceaux sensoriels, l'homme est attiré par des beaux visages, des sons captivants, des saveurs, des sensations tactiles ou des senteurs séduisantes. Ceci est naturel; mais ce qui est naturel pour la conscience confinée dans le corps ne l'est pas pour l'âme. Cependant, lorsqu'on retire cette énergie vitale divine de la dictature des sens, en la faisant monter à travers la voie spinale pour atteindre le centre spirituel de la perception infinie situé dans le cerveau, le projecteur d'énergie astrale est braqué sur l'infinité de l'éternité pour révéler l'Esprit universel. Le fidèle est alors attiré par le Divin suprême, la Beauté de toutes les beautés, la Musique de toutes les musiques, la Joie de toutes les joies. Il peut entrer en contact avec l'Esprit qui imprègne tout l'univers et peut entendre la voix de Dieu résonner dans toutes les sphères. La forme se dissout alors dans le Sans Forme. La conscience du corps, confinée dans une petite forme temporelle, peut ainsi s'étendre sans limites dans l'Esprit sans forme et éternel.

Jésus explique que quiconque croit en la doctrine prônant l'élévation de la conscience corporelle (le fils de l'homme) du plan physique au plan astral, en inversant le flux de la force vitale à travers le passage enroulé en spirale situé à la base de la colonne vertébrale, ne périra pas, c'est-à-dire ne sera pas sujet aux changements de la vie et de la mort imposés aux mortels, mais acquerra progressivement l'état d'immutabilité: la Conscience christique, ou le Fils de Dieu.

CHAPITRE 6

La véritable signification de
« la croyance en son nom » et du salut

« Car Dieu a tant aimé le monde qu'Il a donné Son Fils unique, afin que quiconque croit en lui ne périsse point, mais qu'il ait la vie éternelle. Dieu, en effet, n'a pas envoyé Son Fils dans le monde pour qu'il condamne* le monde, mais pour que le monde soit sauvé par lui. Celui qui croit en lui n'est point condamné*; mais celui qui ne croit pas est déjà condamné*, parce qu'il n'a pas cru au nom du Fils unique de Dieu.

« Et ce jugement c'est que, la lumière étant venue dans le monde, les hommes ont préféré les ténèbres à la lumière, parce que leurs œuvres étaient mauvaises. Car quiconque fait le mal hait la lumière, et ne vient point à la lumière, de peur que ses œuvres ne soient dévoilées; mais celui qui agit selon la vérité vient à la lumière, afin que ses œuvres soient mani-festées, parce qu'elles sont faites en Dieu » (Jean 3, 16-21).

La confusion entre «Fils de l'homme» et «Fils unique de Dieu» a en-gendré beaucoup de sectarisme dans la communauté de ceux qui fré-quentent les églises; cette communauté ne comprend pas ou ne reconnaît pas l'élément humain en Jésus, c'est-à-dire le fait qu'il était un homme, né dans un corps mortel, qui avait fait évoluer sa conscience jusqu'à devenir un avec Dieu Lui-même. Ce n'est pas le corps de Jésus, mais la conscience qui se trouvait à l'intérieur de celui-ci qui était une avec le Fils unique, ou la Conscience christique, le seul reflet de Dieu le Père dans la création. En exhortant les gens à croire dans le Fils unique, Jésus faisait référence à la Conscience christique, qui était pleinement manifestée en lui-même ainsi qu'en tous les maîtres de réalisation divine à travers les siècles, et qui est latente en chaque âme. Jésus a dit que tous les êtres qui sont capables d'élever leur conscience physique (la conscience du Fils de l'homme) jusqu'au ciel astral et qui deviennent ainsi un avec l'Intelligence christique unique, présente dans toute la création, connaîtront la vie éternelle.

Ce passage de la Bible signifie-t-il que tous ceux qui ne croient pas en Jésus ou ne l'acceptent pas comme étant leur Sauveur seront condamnés ? Ce serait là un concept dogmatique de condamnation. En réalité, ce que Jésus voulait dire, c'est que quiconque n'a pas conscience d'être un avec la Conscience christique universelle est condamné à vivre et à penser comme un être mortel aux prises avec une existence limitée par des frontières sensorielles parce qu'il s'est dissocié, en son essence, du Principe éternel de vie.

Jésus n'a jamais fait référence à sa propre conscience de Fils de l'homme, ou à son propre corps, comme étant le seul sauveur de tous les temps. Abraham et beaucoup d'autres furent sauvés avant même la naissance de Jésus. C'est une erreur métaphysique de considérer le personnage historique de Jésus comme étant le seul sauveur. C'est l'Intelligence christique qui est le rédempteur universel. En tant qu'unique reflet de l'Esprit absolu (le Père) omniprésent dans le monde de la relativité, le Christ infini est le seul intermédiaire ou lien entre Dieu et la matière par lequel tous les individus dotés de formes matérielles – sans distinction de castes et de croyances – doivent passer afin d'atteindre Dieu. Toutes les âmes peuvent libérer leur conscience enfermée dans la matière et l'immerger dans l'immensité de l'Omniprésence en l'harmonisant avec la Conscience christique.

Jésus a dit : « Quand vous aurez élevé le Fils de l'homme, alors vous connaîtrez ce que je suis. » Il était conscient que son corps physique n'était destiné à rester sur le plan terrestre que pour un temps limité, aussi expliqua-t-il clairement à ceux pour qui il était le sauveur que lorsque son corps (le fils de l'homme) aurait quitté la terre, les gens seraient toujours à même de trouver Dieu et le salut en croyant dans l'omniprésent Fils unique de Dieu et en le connaissant. Jésus insistait sur le fait que quiconque croirait en son esprit comme étant le Christ infini incarné en lui découvrirait le chemin qui mène à la vie éternelle grâce à la science de la méditation qui permet l'ascension intérieure de la conscience.

« *Afin que quiconque croit en lui ne périsse point.* » Les formes de la nature sont sujettes aux mutations, mais l'Intelligence infinie, immanente dans la nature, n'est jamais affectée par les changements créés par l'illusion. Un enfant qui est émotionnellement attaché à un bonhomme de neige se mettra à pleurer lorsque le soleil montera haut dans le ciel et fera fondre cette forme. De la même manière, les enfants de Dieu souffrent lorsqu'ils sont attachés au corps humain en perpétuelle mutation, qui passe par l'enfance, la jeunesse, la vieillesse et la mort. Mais ceux qui intériorisent leur force vitale et leur conscience et qui se concentrent sur l'immortelle étincelle intérieure de leur âme perçoivent le ciel tout en se trouvant sur terre ; et, prenant conscience de l'essence transcendante de la vie, ils ne sont pas soumis à la douleur et à la souffrance inhérentes aux cycles incessants de la vie et de la mort [1].

Les paroles solennelles prononcées par Jésus dans ce passage des Évangiles étaient destinées à transmettre à l'ensemble de l'humanité une promesse divine encourageante de rédemption. Au lieu de cela, des siècles d'interprétations erronées ont généré des guerres faites de haine et d'intolérance, des inquisitions et leurs tortures, des condamnations avec les divisions qui en résultent.

« Dieu, en effet, n'a pas envoyé Son Fils dans le monde pour qu'il condamne* le monde, mais pour que le monde soit sauvé par lui. » Dans ce verset, « le monde » désigne l'ensemble de la création divine. En reflétant Son Intelligence dans la création afin de rendre possible l'existence d'un cosmos structuré, le dessein du Seigneur n'était pas de concevoir une prison, faite de limitations, dans laquelle les âmes sont confinées et forcées à participer à une danse macabre de souffrances et de destruction. Le dessein de Dieu était de Se rendre Lui-même accessible en tant que Force irrésistible qui exhorte le monde à s'élever au-dessus de la manifestation matérielle, immergée dans les ténèbres de l'ignorance, pour entrer dans la lumière de la manifestation spirituelle.

Il est vrai que la manifestation vibratoire de l'Intelligence universelle, ou création, a engendré les innombrables attraits du théâtre cosmique qui poussent constamment l'homme à s'éloigner de l'Esprit pour aller vers la vie matérielle, à se détourner de l'Amour universel pour aller vers les

---

[1] « Les cieux s'enrouleront et la terre sera déroulée devant vos yeux. Celui qui a la vie du Vivant ne voit ni la mort ni la peur » (Évangile selon Thomas, verset 111). *(Note de l'éditeur)*

Dans la Bhagavad Gita (II, 40), le Seigneur Krishna parle ainsi de la science du yoga : « Même un minuscule fragment de cette religion authentique vous protège d'une grande peur (les souffrances colossales inhérentes aux cycles récurrents de naissances et de morts). »

passions éphémères de la vie humaine. Pourtant, l'Absolu qui transcende la création nous reste proche et intimement perceptible par le biais de Son Intelligence qui se reflète dans la création même. À travers ce contact, le fidèle prend conscience que Dieu a envoyé l'Intelligence christique (Son Fils unique) pour créer non pas une chambre de torture mais un grandiose film cosmique, dont les scènes et les acteurs sont destinés à divertir et à être divertis pendant un certain temps, avant de retourner finalement à la Béatitude de l'Esprit.

À la lumière de cette compréhension et indépendamment de notre condition dans ce monde où règne la relativité, nous ressentons notre propre lien avec l'Esprit universel et nous pouvons concevoir que la vaste Intelligence de l'Absolu est à l'œuvre dans tous les aspects relatifs

---

Dogme et politique : comment la véritable signification du « Fils unique » fut perdue

Comme il en fut avec « la Parole » (cf. ch. 3), le terme « Fils unique » n'en vint à désigner la personne de Jésus qu'à travers une évolution graduelle de la doctrine chrétienne, engendrée par des influences théologiques et politiques complexes. Pour avoir un récit historique détaillé de ceci, reportez-vous, par exemple, à l'ouvrage *When Jesus Became God: The Struggle to Define Christianity During the Last Days of Rome* [1], de Richard E. Rubenstein (New York : Harcourt, 1999).

Les écrits de nombreux chrétiens gnostiques des deux premiers siècles de notre ère, parmi lesquels Basilide, Théodote, Valentin et Ptolémée, donnent la même interprétation de l'expression « Fils unique », c'est-à-dire : le principe cosmique de la création – le divin *Noûs* (mot grec signifiant « intelligence, esprit ou pensée ») – et non la personne de Jésus.

Le célèbre Père de l'Église, Clément d'Alexandrie, cite à partir des écrits de Théodote que « le Fils unique est le *Noûs* » (*Excerpta ex Theodoto* 6, 3). Dans *Gnosis: A Selection of Gnostic Texts* (Oxford, Angleterre : Clarendon Press, 1972), l'érudit allemand Werner Foerster cite ces paroles d'Irénée : « Basilide présente le *Noûs* comme trouvant son origine dans le Père, lequel n'a pas d'origine. » Et, selon Foerster, Valentin, un instructeur tenu en grande estime par la communauté chrétienne de Rome

---

[1] Publié en français sous le titre *Le jour où Jésus devint Dieu*, aux Éditions La Découverte (2004).

de la Nature. Quiconque croit en cette Intelligence – le Christ – et se concentre sur elle au lieu de Son œuvre, ou Sa création extérieure, trouve la rédemption.

Penser que le Seigneur condamne les non-croyants en tant que pécheurs est incongru. Dans la mesure où le Seigneur Lui-même réside en tous les êtres, cette condamnation serait tout à fait autodestructrice. Dieu ne punit jamais l'homme qui ne croit pas en Lui; l'homme se punit lui-même. Si l'on ne croit pas dans le pouvoir d'un générateur de courant et que l'on coupe les fils électriques qui connectent sa maison à ce générateur, on renonce aux avantages offerts par l'électricité. De la même manière, désavouer l'Intelligence qui est omniprésente dans toute la création, c'est nier à la conscience son lien avec la Source de la sagesse et de l'amour divins qui permet le processus d'ascension dans l'Esprit.

---

aux alentours de 140, avait un point de vue similaire et pensait que « dans le Prologue de l'Évangile de Jean, le "Fils unique" prend la place du *Noûs* ».

Cependant, au Concile de Nicée en 325 et au Concile ultérieur de Constantinople en 381, l'Église proclama comme doctrine officielle que Jésus lui-même était, selon les termes du Credo de Nicée : « Le Fils unique de Dieu, né du Père avant tous les siècles, lumière née de la lumière, vrai Dieu né du vrai Dieu, engendré non pas créé, *homoousios* ["de même nature"] que le Père. » Dans *Athanasius and Constantius: Theology and Politics in the Constantinian Empire* (Harvard University Press, 1993), Timothy D. Barnes écrit : « Après le Concile de Constantinople, l'empereur incorpora ces décisions dans la loi et il limita les droits des chrétiens qui n'acceptaient pas le Credo de Nicée et son mot d'ordre *homoousios*. Ainsi qu'il l'a été reconnu depuis longtemps, ces événements marquèrent le passage d'une époque spécifique de l'histoire de l'Église chrétienne et de l'Empire romain à une autre. »

À partir de ce moment-là, explique Richard E. Rubenstein dans *When Jesus Became God*, la doctrine officielle de l'Église disait que le fait de ne pas accepter Jésus en tant que Dieu équivalait à rejeter Dieu Lui-même. à travers les siècles, cette position eut des conséquences énormes, et souvent tragiques, sur les relations entre les chrétiens et les juifs (et plus tard les musulmans, qui considéraient Jésus comme un prophète divin, mais non comme une manifestation de Dieu Lui-même), ainsi que pour les peuples non chrétiens dans les pays conquis et colonisés plus tard par les nations européennes. *(Note de l'éditeur)*

Reconnaître l'immanence de Dieu peut se faire tout simplement en commençant à étendre son amour à un cercle de personnes toujours plus large. L'homme s'enferme lui-même dans d'étroites limitations à chaque fois qu'il ne pense qu'à son petit moi, à sa propre famille, à sa propre nation. Le processus d'expansion est inhérent à l'évolution de la nature et au retour de l'homme à Dieu. Être exclusivement conscient de sa famille – « nous quatre et personne d'autre » – est erroné. Écarter la famille élargie de l'humanité, c'est écarter le Christ infini. Celui qui se déconnecte du bonheur et du bien-être des autres s'est déjà condamné à s'isoler de l'Esprit qui imprègne toutes les âmes. En effet, celui qui n'étend pas son amour et ses services au Dieu qui est présent dans les autres ne reconnaît pas le pouvoir rédempteur de l'union avec le Christ universel. Chaque être humain a reçu le pouvoir de faire le bien ; s'il n'utilise pas ce don, son niveau d'évolution spirituelle ne dépasse pas de beaucoup l'égoïsme instinctif de l'animal.

L'amour pur présent dans les cœurs humains irradie l'Amour christique universel. Élargir continuellement le cercle de son amour, c'est harmoniser sa conscience humaine avec le Fils unique de Dieu. Aimer les membres de sa famille constitue la première étape pour élargir à ceux qui nous entourent l'amour que l'on se porte à soi-même ; aimer tous les êtres humains de quelque race ou nationalité que ce soit, c'est connaître l'Amour christique.

C'est Dieu seul en tant que Christ omniprésent qui est responsable de toutes les expressions de la vie. Le Seigneur peint de magnifiques paysages sur les nuages et le ciel en perpétuel changement. Dans les fleurs, Il crée des autels pour Sa fragrante beauté. En chaque chose et chaque personne – les amis et les ennemis, les montagnes, les forêts, l'océan, l'air, la voûte galactique tournoyante qui englobe l'ensemble –, le fidèle christique voit l'unique lumière de Dieu dans laquelle tout se fond. Il découvre que les myriades d'expressions de cette Lumière unique, qui semblent souvent être dans des situations chaotiques de conflit ou en contradiction les unes avec les autres, furent créées par l'Intelligence divine non pour tromper les êtres humains ou les faire souffrir, mais pour les inciter à rechercher l'Infini d'où ils proviennent. Celui qui regarde non une partie mais le tout discerne le dessein de la création : sans exception nous nous dirigeons inexorablement vers le salut universel. Tous les fleuves se dirigent vers l'océan et les fleuves de nos vies se dirigent vers Dieu.

Les vagues qui se trouvent à la surface de l'océan changent continuellement au gré du vent et de la marée, mais leur essence océanique demeure constante. Celui qui se concentre uniquement sur une vague de vie isolée est destiné à souffrir parce que la vague est instable et ne peut durer. C'est ce que Jésus entendait par « condamné » : l'homme qui se limite à son petit corps physique crée sa propre condamnation en s'isolant lui-même de Dieu. Pour être sauvé, il doit réaliser à nouveau son unité indissoluble avec l'Immanence divine.

> « Que je veille, mange, travaille, rêve, dorme,
>
> Rende service, médite, chante ou aime d'amour divin,
>
> Mon âme, dans le plus grand secret, fredonne sans relâche :
>
> Dieu ! Dieu ! Dieu ![1] »

De cette manière, nous demeurons conscients en permanence de notre propre lien avec l'Intelligence divine immuable – la Bonté absolue qui se cache derrière les énigmes pleines de défis de la création.

« *Celui qui croit en lui n'est point condamné*; mais celui qui ne croit pas est déjà condamné**. » Ceci met aussi en lumière le rôle de la « croyance » dans la condamnation ou la non-condamnation de l'homme. Celui qui ne comprend pas l'immanence de l'Absolu dans le monde de la relativité a tendance à devenir soit sceptique soit dogmatique, parce que dans les deux cas la religion est pour lui une affaire de croyance aveugle. Incapable de réconcilier l'idée d'un Dieu bon avec le mal qui semble régner dans la création, le sceptique rejette la croyance religieuse de manière aussi bornée que le dogmatique s'y accroche.

Les vérités enseignées par Jésus dépassaient de beaucoup la croyance aveugle, qui croît ou décroît sous l'influence des déclarations paradoxales de prêtres ou de cyniques. La croyance est une étape initiale de l'évolution spirituelle qui s'avère nécessaire pour accueillir le concept de Dieu. Mais ce concept doit être transposé en conviction, en expérience. La croyance précède la conviction ; il faut croire en l'existence d'une chose pour l'étudier de manière équitable. Mais si l'on se contente de la croyance, elle devient un dogme – de l'étroitesse d'esprit, un obstacle à la vérité et au

---

[1] Tiré de *Songs of the Soul*, de Paramahansa Yogananda (publié par la Self-Realization Fellowship).

progrès spirituel. Il est par conséquent nécessaire de cultiver, sur le terreau de la croyance, les fruits de l'expérience directe de Dieu et du contact avec Lui. Cette réalisation indiscutable, et non la simple croyance, est ce qui sauve les êtres humains.

Si quelqu'un me dit : « Je crois en Dieu », je lui demanderai : « Pourquoi croyez-vous ? Comment savez-vous qu'il existe un Dieu ? » Si la réponse est fondée sur une supposition ou sur une connaissance de seconde main, je lui dirai qu'il ne croit pas vraiment. Pour avoir une véritable conviction, il faut disposer de quelques faits pour l'étayer ; dans le cas contraire, ce n'est qu'un simple dogme, et une proie facile pour le scepticisme.

Si, à titre d'exemple, je désignais un piano et proclamais qu'il s'agit d'un éléphant, la raison d'une personne dotée d'intelligence se révolterait contre cette absurdité. De même, lorsque des dogmes concernant Dieu sont propagés sans être validés par l'expérience ou la réalisation, tôt ou tard la raison spéculera sur la véracité de ces idées lorsqu'elles seront mises à l'épreuve d'une expérience contraire. Au fur et à mesure que les rayons torrides du soleil de l'étude analytique deviennent de plus en plus brûlants, les frêles croyances dépourvues de fondement s'effritent, laissant place à un désert de doute, d'agnosticisme ou d'athéisme.

Transcendant la simple philosophie, la méditation scientifique met en harmonie la conscience avec la vérité la plus grande et la plus élevée ; à chaque pas qu'il accomplit, le fidèle se rapproche de la véritable réalisation, évitant ainsi la perplexité et les errances. S'il persévère dans ses efforts pour vérifier et expérimenter ses croyances à travers la réalisation intuitive, qu'on peut atteindre grâce aux méthodes du yoga, le fidèle se forge une vraie vie spirituelle qui le met à l'abri du doute.

La croyance constitue une grande force si elle conduit au désir et à la détermination de faire l'expérience du Christ. C'est ce que Jésus voulait dire lorsqu'il nous exhortait à « croire au nom du Fils unique de Dieu » : Au moyen de la méditation, retirez la conscience et l'énergie vitale des sens et de la matière pour connaître intuitivement l'*Aum*, la Parole ou l'Énergie vibratoire cosmique imprégnant toutes choses, qui est le « nom » ou la manifestation active de la Conscience christique immanente. On peut revendiquer de manière incessante une croyance intellectuelle en Jésus-Christ, mais si l'on ne fait jamais véritablement l'expérience du Christ cosmique, comme étant à la fois omniprésent et incarné en Jésus, notre croyance seule est d'une bien faible utilité spirituelle et s'avère insuffisante pour nous sauver.

Personne ne peut être sauvé en se contentant de répéter le nom du Seigneur ou en Le louant dans des crescendos d'alléluias. Ce n'est pas par la croyance aveugle dans le nom de Jésus ni par l'adoration de sa personne que l'on peut recevoir le pouvoir libérateur de ses enseignements. La véritable adoration du Christ, c'est la communion divine qui conduit à la perception du Christ dans le temple sans murs de notre conscience élargie.

Dieu ne Se réfléchirait pas dans Son « Fils unique » dans le monde pour le faire agir comme un détective implacable traquant les non-croyants afin de les punir. L'Intelligence christique rédemptrice, qui réside au sein de chaque être indépendamment des péchés et des vertus accumulés en lui au cours des incarnations, attend avec une infinie patience que, par la méditation, chacun s'éveille du sommeil où il est plongé sous l'effet anesthésiant de l'illusion afin de recevoir la grâce du salut. Celui qui croit en cette Intelligence christique et qui, par l'action spirituelle, cultive le désir de chercher le salut à travers l'ascension dans cette conscience réfléchie de Dieu, n'est plus obligé de parcourir aveuglément le sentier trompeur de l'erreur. À pas mesurés, il avance de manière sûre vers la Grâce infinie rédemptrice. Mais le non-croyant qui rejette avec mépris la pensée de ce Sauveur, la seule voie de salut, se condamne lui-même à l'ignorance, engendrée par l'attachement au corps, et à ses conséquences jusqu'à ce qu'il s'éveille spirituellement.

« Et ce jugement c'est que, la lumière étant venue dans le monde, les hommes ont préféré les ténèbres à la lumière, parce que leurs œuvres étaient mauvaises. Car quiconque fait le mal hait la lumière, et ne vient point à la lumière, de peur que ses œuvres ne soient dévoilées ; mais celui qui agit selon la vérité vient à la lumière, afin que ses œuvres soient manifestées, parce qu'elles sont faites en Dieu » (Jean 3, 19-21).

De la lumière divine, qui se répand partout et qui est imprégnée de l'Intelligence christique universelle, émanent silencieusement la sagesse et l'amour divins afin de ramener tous les êtres vers la Conscience infinie. L'âme, étant un microcosme de l'Esprit, est une lumière qui est toujours présente dans l'homme pour le guider par le biais du discernement et de la voix intuitive de la conscience ; mais bien trop souvent, l'homme se soustrait à ce guide en trouvant une explication rationnelle à ses habitudes et à ses caprices empreints de désirs. Tenté par le Satan de l'illusion cosmique, l'homme choisit d'accomplir des actions qui détruisent la lumière de la guidance intérieure, source de discernement.

L'origine du péché et des souffrances physiques, mentales et spirituelles qui en découlent réside dans le fait que l'intelligence et le discernement divins de l'âme sont étouffés par la mauvaise utilisation que l'homme fait de son libre arbitre accordé par Dieu. Quoique les gens dépourvus de compréhension attribuent à Dieu leur propre propension à la vengeance, le « jugement » dont parlait Jésus n'est pas une punition infligée par un Créateur tyrannique, mais représente les conséquences que l'homme attire sur lui par ses propres actions, selon la loi de cause à effet (le karma) et la loi de l'habitude.

Les désirs maintiennent la conscience confinée dans la matière et focalisée sur le monde matériel – les « ténèbres » ou portion grossière de la création cosmique dans laquelle la lumière de la Présence divine se trouve fortement obscurcie par les ombres de l'illusion ou *maya*. Succombant aux désirs, les êtres plongés dans l'ignorance et s'identifiant à leurs egos de mortels continuent de s'adonner à leur façon de vivre erronée, qui s'enracine alors profondément dans leurs cerveaux sous la forme de mauvaises habitudes de comportement.

Lorsque Jésus affirmait que les hommes préfèrent les ténèbres à la lumière, il faisait référence au fait que les habitudes matérielles maintiennent des millions d'êtres éloignés de Dieu. Il ne voulait pas dire que tous les hommes aiment les ténèbres, mais seulement ceux qui ne font aucun effort pour résister aux tentations de Satan, préférant se laisser glisser sur la pente facile des mauvaises habitudes et s'habituant ainsi aux ténèbres de la conscience tournée vers la matière. Parce qu'ils étouffent la voix de la Conscience christique qui murmure dans leur propre conscience, ils ignorent l'expérience infiniment plus séduisante de la joie procurée par les bonnes habitudes que la lumière de la sagesse de leur âme les exhorte à suivre.

Ainsi, Jésus insistait sur le fait que, grâce à la lumière de l'éveil de l'âme, l'habitude qu'a l'homme mortel de préférer les ténèbres trompeuses du monde matériel peut être éradiquée de sa conscience humaine. Par des

L'œil « *unique* » ou œil spirituel

« *L'œil est la lampe du corps. Si ton œil est unique*, tout ton corps sera empli de lumière*; mais si ton œil est en mauvais état, tout ton corps sera dans les ténèbres. Si donc la lumière qui est en toi est ténèbres, combien seront grandes ces ténèbres!* » *(Matthieu 6, 22-23)*

La lumière qui révèle Dieu dans le corps est l'œil unique, situé au milieu du front, que l'on voit dans la méditation profonde et qui est la porte d'accès à la présence de Dieu. Lorsque le fidèle est capable de percevoir à travers cet œil spirituel, il voit l'intégralité de son corps ainsi que son corps cosmique remplis de la lumière divine émanant de la vibration cosmique.

Lorsqu'en méditation notre concentration est intériorisée et que nous fixons la vision des deux yeux sur le point situé entre les sourcils, nous pouvons focaliser les énergies optiques positive-négative des yeux droit et gauche, et faire converger leurs courants dans l'œil unique de lumière divine. L'homme matérialiste ignore tout de l'existence de cette lumière. Mais quiconque a pratiqué, ne serait-ce qu'un peu, la méditation peut la voir occasionnellement. Lorsque le fidèle est plus avancé, il voit cette lumière à volonté, les yeux fermés ou ouverts, dans la lumière du jour ou dans l'obscurité. Le fidèle hautement évolué peut contempler cette lumière divine autant qu'il le désire ; et lorsque sa conscience réussit à pénétrer dans cette lumière, il expérimente les états les plus élevés de réalisation transcendante.

Lorsqu'au contraire l'homme détourne son regard et son esprit de Dieu et les concentre sur des objectifs mauvais et des actions matérialistes, sa vie est remplie par les ténèbres de l'illusion, de l'ignorance, de l'indifférence spirituelle et des habitudes génératrices de souffrances. La lumière cosmique et la sagesse restent cachées au fond de lui. « Combien sont grandes ces ténèbres ! » de l'homme attaché à la matière. Il ne sait rien ou quasiment rien de la réalité divine, acceptant avec jubilation ou ressentiment tout ce que l'illusion met sur son chemin. Vivre dans une ignorance aussi grossière ne constitue pas une vie acceptable pour la conscience de l'âme incarnée.

Le corps et l'esprit de l'homme qui a évolué spirituellement sont illuminés intérieurement par la lumière astrale et la sagesse ; les ombres des ténèbres physiques et mentales se sont évanouies, et il voit l'intégralité du cosmos comme étant rempli de la lumière, de la sagesse et de la joie de Dieu ; celui en qui la lumière de la réalisation du Soi est pleinement manifestée expérimente une joie indescriptible et reçoit la guidance de la sagesse divine pour l'éternité.

actes répétés de volonté visant à méditer régulièrement et profondément, le fidèle atteint la satisfaction suprême de la béatitude venant du contact avec Dieu et, à tout moment et en tous lieux, il peut rappeler cette joie divine dans sa conscience.

Aussi longtemps qu'une personne se trouve intoxiquée par des pensées et des habitudes mauvaises, sa mentalité obscurcie hait la lumière de la vérité. Néanmoins, le seul point positif concernant les mauvaises habitudes, c'est qu'elles tiennent rarement leurs promesses. On découvre en fin de compte que ce sont des menteuses invétérées. C'est pourquoi les âmes ne peuvent être éternellement trompées ou réduites en esclavage par les mauvaises habitudes. Bien que les gens qui ont de mauvaises habitudes répugnent à la perspective de vivre de manière plus décente, lorsqu'ils en ont assez de leur mauvaise façon de vivre, qu'ils atteignent le seuil de satiété et qu'ils ont suffisamment souffert des conséquences, ils se tournent vers la lumière de la sagesse de Dieu pour implorer Son secours, même s'il leur reste à vaincre quelques mauvaises habitudes toujours enracinées en eux. S'ils adoptent de manière permanente une ligne de conduite en harmonie avec la Vérité, alors, dans cette lumière, ils en viennent à réaliser la joie et la paix intérieure que procurent la maîtrise de soi et les bonnes habitudes.

« *Mais celui qui agit selon la vérité vient à la lumière, afin que ses œuvres soient manifestées, parce qu'elles sont faites en Dieu.* » [...] Celui qui cherche Dieu et qui essaie chaque jour de changer quelque aspect négatif de sa nature transcende graduellement sa façon de vivre engluée dans les vieilles habitudes. Ses actions et sa vie elle-même sont re-créées, « faites en Dieu » ; en vérité, il renaît. Adoptant la bonne habitude de pratiquer la méditation scientifique quotidienne, il voit la lumière de la sagesse christique et il est baptisé dans cette lumière, dans l'énergie divine du Saint-Esprit qui efface les circuits électriques du cerveau formés par les mauvaises habitudes de pensée et de comportement. Son œil spirituel de perception intuitive s'ouvre et lui confère non seulement une guidance infaillible sur le chemin de la vie, mais aussi la vision du royaume céleste et l'accès à celui-ci pour, finalement, atteindre l'unité avec la conscience omniprésente de Dieu.

TROISIÈME PARTIE

————◆◆◆————

Jésus et
le yoga de l'amour
divin

————◆◆◆————

Le Sermon sur la montagne

CHAPITRE 7

Les Béatitudes

Puis, ayant ouvert la bouche, il les enseigna, et dit : « Heureux les pauvres en esprit, car le royaume des cieux est à eux ! » (Matthieu 5, 2-3)

Référence parallèle :

Alors Jésus, levant les yeux sur ses disciples, dit : « Heureux vous qui êtes pauvres, car le royaume de Dieu est à vous ! » (Luc 6, 20)

Lorsqu'il enseignait, Jésus laissait sa force vitale et sa vibration divines se répandre sur ses disciples au travers de sa voix aussi bien que de ses yeux ; ainsi en les mettant calmement en harmonie avec lui et en les saturant de son magnétisme, ils devenaient aptes à recevoir la pleine mesure de sa sagesse à travers leur compréhension intuitive.

Les versets lyriques de Jésus qui commencent par « Heureux ceux qui… » sont maintenant connus sous le nom « Les Béatitudes ». Béatifier, c'est rendre suprêmement heureux ; la béatitude véhicule la sainteté et la félicité du ciel. Jésus présente ici avec puissance et simplicité une doctrine de principes moraux et spirituels dont l'écho ne s'est pas atténué avec les siècles – doctrine par laquelle la vie de l'homme se trouve sanctifiée, remplie de la béatitude céleste.

Le mot « pauvre », tel qu'il est utilisé dans la première Béatitude, signifie dépourvu de toute démonstration extérieure de richesse spirituelle. Ceux qui possèdent la vraie spiritualité n'en font jamais un étalage ostentatoire ; ils expriment plutôt, d'une façon très naturelle, une humble absence d'ego et de ses attributs vaniteux. Être « pauvre en esprit », c'est avoir détourné son être intérieur, son esprit, du désir et de l'attachement vis-à-vis des objets matériels, des possessions terrestres, des amis enclins au matérialisme et de l'amour humain égoïste. À travers cette purification obtenue par le renoncement intérieur, l'âme découvre qu'elle a toujours possédé toutes les richesses du Royaume éternel de Sagesse et de Béatitude, et que désormais elle y demeure en communion permanente avec Dieu et Ses saints.

La pauvreté « en esprit » n'implique pas que l'on doive nécessairement vivre dans la misère, et ce afin d'éviter que la privation des besoins élémentaires du corps ne distraie notre esprit de Dieu. Mais cela signifie assurément que l'on ne doit pas se fixer comme objectif les acquisitions matérielles au détriment de la richesse spirituelle. Les personnes qui sont riches matériellement peuvent être pauvres en développement spirituel intérieur si la richesse accapare leurs sens ; tandis que ceux qui sont matériellement « pauvres » par choix – qui ont simplifié les conditions extérieures de leur vie de manière à se ménager du temps pour Dieu – amasseront des richesses et un accomplissement spirituels qu'aucun trésor matériel ne pourrait jamais acheter.

Ainsi, Jésus louait-il ces âmes qui sont pauvres en esprit, entièrement détachées des objectifs personnels et de la fortune de ce monde, et qui préfèrent chercher Dieu et servir les autres : « Vous êtes bénis pour votre pauvreté. Elle vous ouvrira les portes du royaume de Dieu qui possède en Lui toutes les ressources et qui vous mettra à l'abri du besoin matériel aussi bien que spirituel pour toute l'éternité. Heureux, vous qui êtes dans le besoin et qui cherchez Celui qui seul peut à jamais vous apporter ce qui vous manque ! »

Lorsqu'en son esprit l'homme renonce au désir de posséder les biens de ce monde, sachant qu'ils sont illusoires, périssables, trompeurs et indignes de l'âme, il commence à trouver la véritable joie en acquérant des qualités spirituelles qui lui procurent une satisfaction permanente. En menant humblement une vie faite de simplicité extérieure et de renoncements intérieurs, tout en étant immergé dans la félicité céleste et la sagesse de l'âme, le fidèle hérite en fin de compte du royaume perdu de la béatitude éternelle.

« Heureux les affligés, car ils seront consolés ! » (Matthieu 5, 4)

Référence parallèle :

«Heureux vous qui pleurez maintenant, car vous serez dans la joie!»
(Luc 6, 21)

Les affres du chagrin qu'éprouve le commun des mortels sont causés par la perte d'un amour humain ou de possessions matérielles, ou encore par la frustration d'espoirs déçus. Jésus ne prônait pas cet état d'esprit négatif, qui éclipse le bonheur psychologique et qui nuit totalement au maintien de la béatitude spirituelle obtenue par des efforts soutenus de méditation. Il parlait plutôt de cette mélancolie divine qui apparaît lorsque nous prenons conscience de notre séparation d'avec Dieu, créant dans l'âme un désir insatiable d'être réunis avec l'éternel Bien-Aimé. Ceux qui s'affligent réellement d'être séparés de Dieu, ceux qui Le réclament avec insistance en faisant preuve d'un zèle toujours croissant dans la méditation, trouveront la consolation à travers les révélations de sagesse et de félicité que Dieu leur enverra.

Les enfants de Dieu spirituellement négligents endurent les traumatismes douloureux de la vie avec une résignation amère et défaitiste, au lieu de solliciter activement l'Aide divine. Mais l'enfant adorablement insupportable, qui réclame avec des pleurs incessants la connaissance spirituelle, finit par attirer la réponse de la Mère divine. À Son enfant persévérant, la Mère miséricordieuse vient apporter Son réconfort plein de sagesse et d'amour, lequel se révèle par le biais de l'intuition ou par un aperçu fugitif de Sa propre Présence. Aucune consolation de substitution ne peut apaiser instantanément la douleur de la séparation ressentie au cours d'innombrables incarnations.

Ceux dont la douleur spirituelle est apaisée par la recherche de biens matériels se mettront à pleurer de nouveau lorsque ces fragiles possessions leur seront arrachées par les exigences de la vie ou par la mort. Mais ceux qui se languissent de trouver Dieu et la Vérité, refusant de se laisser calmer par tout objectif moindre, seront à jamais consolés dans les bras du Dieu de la béatitude.

«Heureux êtes-vous, vous qui pleurez maintenant pour obtenir la réalisation de Dieu, car en poursuivant avec une détermination sans faille cet unique objectif, vous atteindrez votre but. En étant divertis par la joie toujours nouvelle trouvée dans la communion divine, vous rirez et vous vous réjouirez pour toute l'éternité!»

«Heureux les débonnaires, car ils hériteront la terre!» (Matthieu 5, 5)

L'humilité et la douceur créent en l'homme un réceptacle sans fond pour recevoir et contenir la Vérité. Un individu fier et irascible, semblable à la proverbiale pierre qui roule, dévale la colline de l'ignorance sans amasser aucune mousse de sagesse, tandis que les êtres humbles, vivant en paix dans la vallée où ils sont avides d'apprendre, recueillent les eaux de la sagesse jaillissant de sources humaines et divines afin d'arroser les vallons fleuris des qualités de leur âme.

L'égotiste tyrannique est facilement agacé, sur la défensive, enclin aux propos offensants et au ressentiment; il n'a de cesse de repousser les émissaires de sagesse qui cherchent à pénétrer dans le château de son existence. Par contre, ceux qui sont doux et humblement réceptifs attirent l'aide invisible des forces cosmiques qui, comme des anges bienveillants, leur offrent un bien-être matériel, mental et spirituel. Ainsi les humbles en esprit héritent-ils non seulement de toute la sagesse, mais aussi de la terre, c'est-à-dire du bonheur terrestre.

«Heureux ceux qui ont faim et soif de la justice, car ils seront rassasiés!» (Matthieu 5, 6)

Référence parallèle:

«Heureux vous qui avez faim maintenant, car vous serez rassasiés!» (Luc 6, 21)

Les mots «soif» et «faim» fournissent une métaphore adaptée à la quête spirituelle de l'homme. On doit d'abord avoir soif d'acquérir le savoir théorique expliquant comment atteindre le salut. Après avoir étanché sa soif en apprenant la technique pratique permettant d'entrer véritablement en contact avec Dieu, on peut alors satisfaire sa faim intérieure de Vérité en se délectant chaque jour de la manne divine de la perception spirituelle qui naît de la méditation.

Ceux qui cherchent l'apaisement dans les choses matérielles découvrent que leur soif de désirs n'est jamais étanchée, et que leur faim d'acquérir des possessions ne se trouve jamais satisfaite non plus. L'envie irrépressible qu'éprouve chaque homme de remplir un vide intérieur est en réalité l'aspiration de son âme à s'unir à Dieu. Elle ne peut être soulagée que lorsque nous prenons conscience de notre immortalité et de notre état divin impérissable dans la communion avec Dieu. Lorsque l'homme essaie sottement d'étancher la soif de son âme en utilisant le plaisir des sens comme moyen de substitution, il progresse à tâtons d'un plaisir évanescent à un autre, pour finalement les rejeter tous comme étant inadéquats.

Les plaisirs des sens appartiennent au corps et à l'esprit inférieur ; ils n'apportent aucune nourriture à l'être le plus profond de l'homme. La faim spirituelle, dont souffrent tous ceux qui veulent se nourrir uniquement de ce qu'offrent les sens, n'est calmée que par la rectitude, c'est-à-dire les actions, les comportements et les qualités qui conviennent à l'âme : la vertu, une conduite spirituelle, la béatitude, l'immortalité.

La rectitude signifie agir de manière juste dans les domaines physique, mental et spirituel de la vie. Les personnes qui ressentent une grande soif et une grande faim d'accomplissement des devoirs suprêmes de la vie reçoivent la félicité toujours nouvelle de Dieu : « Heureux êtes-vous, vous qui avez soif de sagesse et qui jugez la vertu et la droiture comme la véritable nourriture pour apaiser votre faim intérieure, car vous aurez ce bonheur durable que seule l'adhésion aux idéaux divins procure : une satisfaction incomparable du cœur et de l'âme. »

« Heureux les miséricordieux, car ils obtiendront miséricorde ! » (Matthieu 5, 7)

La miséricorde est semblable à la compassion qu'éprouve un père dont le cœur souffre de voir les fautes commises par son enfant tombé dans l'erreur. Il s'agit d'une qualité intrinsèque à la Nature divine. L'histoire de la vie de Jésus est remplie d'exemples de miséricorde manifestée de manière sublime au travers de ses actions et de sa personnalité. Chez les divins fils de Dieu ayant atteint la perfection, nous voyons le Père invisible et transcendant Se révéler tel qu'Il est. Le Dieu de Moïse est décrit comme un Dieu de courroux (bien que je ne croie pas que Moïse, qui parla à Dieu « face à face, comme un homme parle à son ami », ait jamais pensé à Dieu comme le tyran vengeur dépeint dans l'Ancien Testament). Mais le Dieu de Jésus était un Dieu très doux. C'était cette douceur et cette miséricorde du Père que Jésus exprima lorsque, au lieu de juger et de détruire les ennemis qui voulaient le crucifier, il demanda au Père de leur pardonner, « car ils ne savent pas ce qu'ils font ».

Avec l'amour patient de Dieu, Jésus regardait les hommes comme de petits enfants qui ne comprennent pas ce qu'ils font. Si un petit enfant ramasse un couteau et vous frappe, vous ne voudrez pas tuer cet enfant en représailles car il n'a pas conscience de ce qu'il a fait. Quand on considère l'humanité de la même manière qu'un père aimant veille sur ses enfants et est prêt à souffrir pour eux afin qu'ils puissent recevoir un peu de la lumière et de l'énergie de son esprit, alors on devient semblable au Christ : Dieu en action.

Seuls les sages sont capables d'être réellement miséricordieux car, grâce à leur divine vision intérieure, ils considèrent même ceux qui commettent le mal comme des âmes – des enfants de Dieu qui méritent compassion, pardon, aide et conseils lorsqu'ils s'égarent. La miséricorde implique la capacité à apporter son aide ; seules les âmes évoluées ou qualifiées sont capables d'être utiles de manière pratique et miséricordieuse. La miséricorde s'exprime de manière utile lorsque la compassion du père tempère la rigidité d'un jugement rigoureux et offre non seulement le pardon au fils égaré, mais aussi une véritable aide spirituelle pour éliminer son erreur.

Ceux qui sont faibles moralement mais qui sont disposés à devenir meilleurs, les pécheurs (ceux qui vont à l'encontre de leur propre bonheur en faisant fi des lois divines), ceux qui sont dans un état de déchéance physique, les déficients mentaux, ceux qui sont spirituellement ignorants – tous ont besoin d'une aide miséricordieuse de la part d'êtres qui, grâce à leur évolution intérieure, sont qualifiés pour offrir une aide pleine de compréhension. Les paroles de Jésus exhortent les fidèles : « Pour recevoir la miséricorde divine, soyez miséricordieux envers vous-mêmes en développant vos qualités spirituelles et soyez miséricordieux envers les autres enfants de Dieu perdus dans l'illusion. Ceux qui s'améliorent de manière continue dans tous les domaines et qui, avec miséricorde, ressentent et soulagent le manque général d'évolution chez les autres, attendriront de manière certaine le cœur de Dieu et obtiendront pour eux-mêmes Sa miséricorde éternelle et Son aide d'une efficacité sans égale. »

« Heureux ceux qui ont le cœur pur, car ils verront Dieu » (Matthieu 5, 8).

L'expérience religieuse parfaite est la perception directe de Dieu, pour laquelle la purification du cœur est nécessaire. Sur ce point, toutes les Écritures s'accordent. La Bhagavad Gita, l'immortelle Écriture indienne du Yoga, qui est la science de la religion et de l'union avec Dieu, parle de la félicité et de la perception divine de celui qui a atteint cette purification intérieure :

> *Le yogi qui a complètement calmé l'esprit et contrôlé les passions, en les libérant de toutes les impuretés, et qui est un avec l'Esprit – en vérité, celui-là a atteint la béatitude suprême.*
>
> *Avec l'âme unie à l'Esprit par le yoga, posant un regard impartial sur toutes choses, le yogi contemple son Soi (uni à l'Esprit) dans toutes les créatures et toutes les créatures dans l'Esprit.*
>
> *Celui qui Me perçoit partout et qui voit tout en Moi ne Me perd jamais de vue, pas plus que Je ne le perds jamais de vue (Bhagavad Gita, VI, 27, 29-30).*

Depuis les temps anciens, les *rishis* de l'Inde ont examiné avec minutie l'essence même de la vérité et exposé en détail son intérêt pratique pour l'homme. Patanjali, le célèbre sage de la science du yoga, commence ses *Yoga Sutras* en déclarant : *Yoga chitta vritti nirodha* – « Le yoga (l'union scientifique avec Dieu) est la neutralisation des modifications de *chitta* (le "cœur" intérieur ou capacité de sentir ; un terme global pour désigner l'ensemble de l'activité mentale qui produit la conscience intelligente). » La raison et le sentiment dérivent tous deux de cette faculté intérieure qu'est la conscience intelligente.

Mon guru vénéré, Swami Sri Yukteswar, l'un des premiers dans les temps modernes à avoir révélé l'unité des enseignements du Christ et du *Sanatana Dharma* de l'Inde, a écrit des paroles profondes sur la façon dont l'évolution spirituelle de l'homme consiste en la purification du cœur. Depuis l'état dans lequel sa conscience se trouve plongée dans l'illusion complète de *maya* (« le cœur obscur »), l'homme progresse à travers les états successifs du cœur animé, du cœur constant, du cœur consacré, pour finalement atteindre le cœur pur, état dans lequel, écrit Sri Yukteswarji, l'homme « devient capable de comprendre la Lumière spirituelle, Brahma [l'Esprit], la véritable Substance de l'univers[1] ».

Dieu est perçu grâce à la vision intérieure de l'âme. Chaque âme dans son état natif est omnisciente, contemplant Dieu ou la Vérité directement par le biais de l'intuition. La raison pure et le sentiment pur sont tous les deux intuitifs ; mais lorsque la raison se trouve limitée par les facultés intellectuelles de l'esprit devenu esclave des sens, et que le sentiment dégénère en émotions égoïstes, ces instruments de l'âme n'induisent que des perceptions déformées.

Le verset de cette Béatitude se réfère à la reconquête de la clarté perdue de la vision divine. La béatitude, que connaissent ceux qui sont parfaitement purs de cœur, n'est autre que celle à laquelle il est fait référence dans l'Évangile de saint Jean : « Mais à tous ceux qui l'ont reçue, elle a donné le pouvoir de devenir fils* de Dieu. » À chaque fidèle qui reçoit et reflète la Lumière divine omniprésente, ou Conscience christique, à travers un cœur et un esprit rendus transparents par la purification, Dieu donne le pouvoir de revendiquer la béatitude inhérente aux fils de Dieu, ainsi que le fit Jésus.

La transparence nécessaire pour atteindre la Vérité se cultive en libérant la conscience, les sentiments et la raison, des influences dualistes que sont l'attirance et l'aversion. La réalité ne peut être réfléchie fidèlement dans une conscience troublée par les envies et les répulsions, avec leurs passions et leurs désirs agités, et les émotions tumultueuses qu'elles génèrent : la colère, la jalousie, la cupidité et les changements d'humeur.

---

[1] Voir le chapitre 3, Sutras 23-32, de *La Science sacrée*, de Swami Sri Yukteswar, publiée par la Self-Realization Fellowship.

Mais lorsque *chitta* – la faculté humaine de connaître et de ressentir – est calmée par la méditation, l'ego ordinairement agité fait place au calme bienheureux de la perception de l'âme.

La pureté de l'intellect nous confère la capacité de raisonner correctement, mais la pureté du cœur nous donne le contact avec Dieu. La capacité intellectuelle est une qualité appartenant à la raison, et la sagesse est la qualité libératrice de l'âme. Lorsque la raison est purifiée par le calme discernement, elle se métamorphose en sagesse. La pure sagesse et la divine compréhension d'un cœur pur sont les deux faces de la même faculté. En effet, la pureté de cœur ou de sentiment, à laquelle Jésus faisait référence, dépend de la sagesse et du discernement qui guident toutes nos actions, modifiant ainsi nos attitudes et nos comportements pour les ajuster aux qualités sacrées de l'âme : l'amour, la miséricorde, le service aux autres, la maîtrise de soi, la discipline de soi, la conscience et l'intuition. La vision claire et pure de la sagesse doit s'accompagner du sentiment immaculé du cœur. La sagesse révèle le chemin vertueux, et le cœur purifié désire et aime suivre ce chemin. Toutes les qualités d'âme révélées par la sagesse doivent être suivies de tout cœur (pas simplement de manière intellectuelle ou théorique).

La vision imparfaite de l'homme ordinaire réussit à percevoir l'enveloppe grossière de la matière, mais elle est aveugle à l'Esprit qui imprègne toutes choses. La combinaison parfaite du discernement pur et du sentiment pur ouvre l'œil pénétrant de l'intuition qui révèle toutes choses et le fidèle acquiert la véritable perception de Dieu, présent en son âme et omniprésent en tous les êtres : le Résident divin dont la nature est un mélange harmonieux de sagesse infinie et d'amour infini.

« *Heureux ceux qui procurent la paix, car ils seront appelés fils de Dieu !* » *(Matthieu 5, 9)*

Ceux qui procurent la paix sont ceux qui génèrent la paix en pratiquant avec dévotion leur méditation quotidienne. La paix est la première manifestation de la réponse de Dieu dans la méditation. Ceux qui connaissent Dieu en tant que paix dans le temple intérieur du silence, et qui y adore ce Dieu de paix, sont Ses vrais fils grâce à cette relation de communion divine.

Après avoir ressenti la nature de Dieu sous forme de paix intérieure, les fidèles veulent que ce Dieu de paix se manifeste en permanence dans leur foyer, dans leur voisinage et dans leur pays, parmi toutes les races et toutes les nationalités. Quiconque apporte la paix dans une famille en proie à la disharmonie y a établi Dieu. Quiconque dissipe les malentendus entre les âmes les a unies dans la paix de Dieu. Quiconque, oubliant cupidité et égoïsme nationaux, œuvre à créer la paix entre les nations en guerre établit Dieu dans le cœur de ces nations. Ceux qui initient et facilitent la paix manifestent l'Amour christique unificateur qui considère toute âme comme un fils de Dieu.

La conscience d'être un « fils de Dieu » nous amène à ressentir de l'amour pour tous les êtres. Ceux qui sont les véritables enfants de Dieu ne peuvent pas ressentir de différence entre un Indien, un Américain ou toute autre nationalité ou race. Pendant un certain laps de temps, les âmes immortelles revêtent un corps à la peau blanche, noire, brune, rouge ou olivâtre. Considère-t-on les gens plus ou moins étrangers selon la couleur de leurs vêtements ? Peu importe leurs nationalités ou la couleur de leurs corps, tous les enfants de Dieu sont des âmes. Le Père ne reconnaît aucune classification créée par l'homme ; Il aime tout le monde, et Ses enfants doivent apprendre à vivre dans ce même état de conscience. Lorsque l'homme réduit son identité à sa nature humaine où règne l'esprit de clan, cela génère des maux sans fin et fait surgir le spectre de la guerre.

Les êtres humains ont reçu un pouvoir potentiellement illimité afin de prouver qu'ils sont réellement les enfants de Dieu. Lorsque nous considérons des technologies telles que la bombe atomique, nous voyons que si l'homme n'utilise pas ses pouvoirs de manière correcte, il se détruira lui-même. Le Seigneur pourrait réduire cette terre en cendres instantanément s'Il perdait patience en voyant Ses enfants s'égarer sans cesse dans les erreurs, mais Il ne le fait pas. Et de la même manière que Dieu ne mésuserait jamais de Son omnipotence, nous, qui sommes faits à Son image, devons également nous comporter comme des dieux et conquérir les cœurs avec le pouvoir de l'amour, ou l'humanité telle que nous la connaissons périra de manière certaine. La capacité de l'homme à faire la guerre augmente ; sa capacité à faire la paix doit en faire autant. La meilleure dissuasion face à la menace de guerre, c'est la fraternité, la prise de conscience que, en tant qu'enfants de Dieu, nous formons une seule et unique famille.

Quiconque sème la discorde entre nations sœurs sous couvert de patriotisme est un traître envers sa famille divine – un enfant de Dieu déloyal. Quiconque entretient des querelles entre membres d'une même famille, voisins ou amis en propageant des mensonges et des ragots, ou crée des troubles de quelque manière que ce soit, est un profanateur du temple divin de l'harmonie.

Le Christ et les grandes âmes ont donné à l'homme la recette de la paix intérieure et de la paix entre les individus et les nations. Mais depuis combien de temps l'homme vit dans les ténèbres de la mauvaise compréhension et de l'ignorance de ces idéaux ! Le véritable mode de vie mis en avant par le Christ peut bannir les conflits humains et l'horreur de la guerre, et apporter la paix et la compréhension sur terre ; tous les préjugés et inimitiés doivent disparaître. C'est le défi auquel sont confrontés ceux qui souhaitent être les artisans de paix de Dieu.

« *Heureux ceux qui sont persécutés pour la justice, car le royaume des cieux est à eux !* » *(Matthieu 5, 10)*

La béatitude divine visitera ceux qui supportent avec équanimité les tourments des critiques injustes de la part de soi-disant amis, aussi bien que d'ennemis, parce qu'ils se comportent correctement et ne se laissent pas influencer par les mauvaises habitudes ou les usages nuisibles de la société. Un fidèle à la vie vertueuse ne se pliera pas à la pression sociale l'incitant à boire de l'alcool simplement parce qu'il se trouve présent dans une assemblée où sont servis des cocktails, même si d'autres se moquent de lui parce qu'il ne prend pas part à ces plaisirs. Si la rectitude morale nous attire temporairement des railleries, elle nous attire surtout une joie permanente, car la persévérance dans l'autodiscipline apporte la béatitude et la perfection. Un royaume éternel de joie céleste, dont on pourra jouir dans cette vie et au-delà, récompense ceux qui vivent et meurent en ayant le comportement juste.

Ceux qui dans ce monde préfèrent les plaisirs sensoriels au contact avec Dieu sont les véritables insensés, parce qu'en ignorant ce qui est juste, et donc bon pour eux, ils devront en récolter les conséquences. Le fidèle vertueux recherche ce qui est bénéfique pour lui, au sens le plus élevé du terme. Celui qui renonce au style de vie désordonné de ce monde et supporte avec bonne humeur le mépris d'amis jugeant mal son idéalisme démontre qu'il est digne de la béatitude infinie de Dieu.

Le verset ci-dessus offre également un encouragement à ceux qui sont persécutés et torturés par les tentations sensorielles et les mauvaises habitudes lorsqu'ils ont pris la résolution de s'accrocher aux idéaux moraux et aux pratiques spirituelles. Ils sont en effet vertueux, parce qu'en suivant la voie juste de l'autodiscipline et de la méditation cela leur permettra, au fil du temps, de venir à bout des tentations et de conquérir le royaume de la joie éternelle réservé aux vainqueurs.

Peu importe la puissance des tentations, ou la force des mauvaises habitudes, on peut y résister par le pouvoir de la maîtrise de soi, guidé par la sagesse, et par la conviction que, peu importe le plaisir promis par la tentation, celle-ci finira toujours par causer du chagrin. Les indécis deviennent inévitablement des hypocrites, justifiant leur mauvaise conduite tout en succombant aux pièges de la tentation. Le miel de Dieu, bien qu'étant scellé dans le mystère, est, en vérité, ce auquel toute âme aspire ardemment. Ceux qui méditent avec une patience et une assiduité inébranlables brisent le sceau du mystère et s'abreuvent abondamment du nectar céleste de l'immortalité.

Le paradis est cet état de joie transcendantal, omniprésent, où aucun chagrin n'ose jamais s'aventurer. En s'exerçant constamment à la vertu, le fidèle atteindra finalement cet état de félicité béatifique d'où l'on ne peut déchoir. Les fidèles irrésolus, qui sont inconstants dans leur méditation, peuvent voir ce bonheur divin leur échapper; mais ceux qui sont résolus conquièrent cette béatitude de manière permanente. Le royaume de la Conscience cosmique appartient au Roi de la béatitude céleste et aux âmes élevées qui sont unies à Lui. C'est pourquoi il est dit des fidèles qui unissent leur ego à Dieu et qui ne font plus qu'un avec le Roi de l'Univers : « Le royaume des cieux est à eux. »

« Heureux serez-vous, lorsqu'on vous outragera, qu'on vous persécutera et qu'on dira faussement de vous toute sorte de mal, à cause de moi.

« Réjouissez-vous et soyez dans l'allégresse, parce que votre récompense sera grande dans les cieux ; car c'est ainsi qu'on a persécuté les prophètes qui ont été avant vous » (Matthieu 5, 11-12).

Référence parallèle :

« Heureux serez-vous, lorsque les hommes vous haïront, lorsqu'on vous chassera, vous outragera, et qu'on rejettera votre nom comme infâme, à cause du Fils de l'homme !

« Réjouissez-vous en ce jour-là et tressaillez d'allégresse, parce que votre récompense sera grande dans le ciel ; car c'est ainsi que leurs pères traitaient les prophètes » (Luc 6, 22-23).

Les versets qui précèdent ne nous demandent pas d'engager une bande d'individus pour nous outrager afin de nous rendre dignes du royaume des cieux. En dépit de tous nos efforts les plus acharnés pour créer le bien dans ce monde et en nous-mêmes, les piques acerbes des persécuteurs ne seront jamais absentes, ainsi que Jésus le savait. La nature rebelle de l'ego rend l'homme sans discipline mal à l'aise et mesquin envers ceux qui sont moralement ou spirituellement différents de lui-même. L'illusion satanique, porteuse de divisions, aiguillonne le critique auto-proclamé qui cherche en permanence des prétextes pour calomnier les autres. Jésus encourageait ses fidèles à ne pas être consternés ou intimidés si, en essayant de vivre de manière spirituelle, ils se heurtent à l'incompréhension des gens à l'esprit matérialiste. Ceux qui réussissent à passer l'épreuve du mépris avec bonne humeur et sans céder à un comportement erroné pour « faire comme les autres » trouveront la félicité qui vient de l'attachement aux habitudes vertueuses.

Lorsque ceux qui vous font des reproches, vous détestent et disent du mal de vous, « vous chasseront », cela ne doit pas être considéré comme une grande perte. C'est plutôt une bénédiction, car ceux qui sont ainsi mis à l'écart par un tel ostracisme sont éloignés de la mauvaise influence qu'exerce la compagnie de gens dénués de discernement et de vertus.

Ceux qui se consacrent à une vie spirituelle ne devraient jamais être abattus, même si les gens disent du mal d'eux ou portent atteinte à leur bonne réputation en les accusant de méfaits. Bénis sont ceux dont on dénigre le nom parce qu'ils refusent de prendre part à une mauvaise façon de vivre de ce monde, car leur nom sera gravé dans le cœur de Dieu, silencieusement admiratif.

La Bhagavad Gita (XII, 18-19) exprime de manière similaire la considération de Dieu pour de tels fidèles : « Celui qui demeure serein devant l'ami comme devant l'ennemi, en rencontrant la vénération ou l'outrage, de même qu'en éprouvant la chaleur ou le froid, le plaisir ou la souffrance ; qui a renoncé à l'attachement, considérant reproches et louanges de la même façon ; qui est silencieux et se contente de peu, qui n'est pas attaché à son foyer, et qui est de nature calme et enclin à la dévotion – cette personne M'est chère. »

Il nous faut suivre ce que nous savons être juste, en dépit des critiques. Chacun devrait s'analyser honnêtement sans parti-pris égotique et, s'il a raison, s'en tenir à ses actions vertueuses génératrices de joie, sans céder à l'influence des louanges ou des critiques des autres. Mais s'il a tort, il devrait se réjouir d'avoir l'opportunité de se corriger et ainsi d'ôter un nouvel obstacle sur son chemin menant au bonheur durable. Même des critiques injustes rendront le disciple plus pur que jamais et l'encourageront d'autant plus à suivre la voie de la paix intérieure au lieu de céder aux tentations préconisées par les mauvaises fréquentations.

C'est dans la compagnie de Dieu que l'on trouve toutes les bénédictions. Il nous faut trouver du temps pour Lui en nous immergeant dans la paix de la méditation. Pourquoi perdre tout son temps libre à aller au cinéma ou à regarder la télévision, ou à avoir d'autres passe-temps oisifs ? Lorsqu'on cultive fidèlement des habitudes spirituelles, on est véritablement incité à jouir de son contentement intérieur et du fait de savoir qu'en fin de compte on héritera du royaume de l'accomplissement éternel.

Le fidèle qui est blâmé pour son attachement à des pratiques de vie spirituelles ne devrait pas se vanter du fait qu'être persécuté pour l'amour de Dieu signifie qu'il fait une grande faveur à Dieu. « Être persécuté à cause de Moi » ou « à cause du Fils de l'homme » signifie que l'on reproche au fidèle de tenir aux pratiques qu'il a mises en place sur les directives de son guru de stature christique dans le but de s'harmoniser avec Dieu.

Jésus parlait à ses disciples et à ses fidèles en qualité de sauveur ou de guru envoyé par Dieu : « Bénis êtes-vous lorsque, pour suivre le Fils de l'homme (le guru-précepteur de nature christique, le représentant de Dieu), vous êtes critiqués et rabaissés parce que vous préférez marcher dans la lumière de sa sagesse, en harmonie avec Dieu, plutôt que de trébucher avec la multitude sur les sentiers des ténèbres et de l'ignorance de ce monde. »

La haine, l'ostracisme, les reproches ou l'exclusion ne sont pas en soi une cause de bénédiction si la personne qui les subit est moralement ou spirituellement dégénérée ; mais lorsque, malgré les persécutions, le fidèle s'accroche à la vérité telle qu'elle est manifestée dans la vie et les enseignements d'un guru de stature christique, alors il jouira de la liberté dans la félicité éternelle. « Réjouissez-vous en ce jour et ressentez la réconfortante vibration sacrée de la joie toujours nouvelle ; car, voici, ceux qui travailleront durement et accepteront de souffrir pour suivre la voie divine seront récompensés dans les cieux par la béatitude éternelle.

« Ceux qui vous persécutent sont dans la lignée des générations successives qui ont persécuté les prophètes. Pensez aux terribles maux subis par ces ancêtres et considérez quelle récompense céleste Dieu a accordée aux prophètes pour avoir supporté en Son nom des persécutions de la part de personnes ignorantes ! La fidélité aux principes spirituels, même si l'on doit pour cela perdre sa vie comme le firent les martyrs d'antan, est récompensée par l'héritage divin du royaume de Dieu : l'allégresse éternelle. »

« Votre récompense sera grande dans le ciel » désigne l'état de béatitude éternelle dont on jouit une fois que le contact divin avec Dieu, expérimenté dans la méditation, est permanent : celui qui accomplit sur terre de bonnes actions récoltera, selon la loi du karma, les fruits de ces actes édifiants, soit dans le ciel intérieur pendant sa vie sur terre, soit dans les royaumes célestes divins après la mort.

Notre accumulation de bon karma et notre ténacité spirituelle dé-
terminent notre récompense céleste dans cette vie ou dans l'après-vie.
Les âmes évoluées, celles qui par la méditation sont capables de faire
l'expérience de cet état de joie toujours nouvelle de la réalisation du
Soi, et qui peuvent rester constamment dans cette béatitude céleste intérieure où Dieu réside, transportent avec elles un paradis portable où
qu'elles aillent. Le soleil astral de l'œil spirituel commence à révéler à
leur conscience le paradis astral dans lequel demeurent, dans des sphères
successives, les âmes vertueuses et les saints, les êtres libérés et les anges.
Petit à petit, la lumière de l'œil spirituel ouvre les portes de ce paradis,
attirant la conscience dans des sphères célestes de plus en plus élevées : en
premier apparaît l'auréole dorée omniprésente de la Vibration cosmique
du Saint-Esprit qui renferme ces mystérieuses forces subtiles imprégnant
toutes les régions de l'existence vibratoire (dans laquelle se trouve la
« porte de perle » ou l'entrée qui permet de passer le mur d'enceinte du
paradis astral, le firmament semblable à une perle aux nuances arc-en-
ciel) ; vient ensuite le paradis christique de la Conscience réfléchie de
Dieu faisant briller Son intelligence sur le royaume vibratoire de la création ; et enfin le paradis de la Conscience cosmique, le Royaume de Dieu,
transcendantal, éternel, et immuablement béatifique.

Seules ces âmes qui sont capables de garder leur conscience fixée
sur l'œil spirituel au cours de leur existence terrestre, même pendant les
épreuves et les persécutions, entreront, dans cette vie ou dans l'au-delà,
dans ces états béatifiques des régions supérieures du paradis où les âmes
les plus admirablement évoluées se trouvent et jouissent de la merveilleuse proximité de la présence libératrice de Dieu.

Bien que Jésus mentionne surtout la grande récompense qui échoit
aux âmes évoluées, même une mesure moindre de communion béatifique
avec Dieu apportera aux autres âmes une récompense céleste propor-
tionnelle. Ceux qui réalisent quelques progrès avant de compromettre
leurs idéaux spirituels ou qui abandonnent la méditation parce qu'ils se
sentent intérieurement tourmentés par l'effort requis ou parce qu'ils sont
découragés par les influences extérieures du monde ou par les critiques
de la famille, des voisins ou de prétendus amis, perdent le contact avec la
béatitude céleste. Mais ceux qui restent fermes dans leur détermination

spirituelle non seulement conservent la félicité qu'ils ont acquis par la méditation, mais sont doublement récompensés, car ils découvrent que leur persévérance génère un accomplissement toujours plus grand. Il s'agit là de la récompense psychologique céleste résultant de l'application de la loi de l'habitude : quiconque reste immergé dans la béatitude intérieure grâce à la méditation sera récompensé par une joie toujours croissante qui demeurera avec lui, même lorsqu'il aura quitté ce plan terrestre.

L'état de félicité céleste ressenti pendant la méditation au cours de cette vie est un avant-goût de la joie toujours nouvelle que l'âme immortelle expérimente après la mort. L'âme transporte cette joie avec elle dans les sublimes régions astrales à la beauté céleste, où les fleurs biotroniques déploient leurs pétales arc-en-ciel dans le jardin de l'éther, et où le climat, l'atmosphère, la nourriture et les habitants sont constitués de différentes vibrations de lumières multicolores. Il s'agit là d'un royaume de manifestations bien plus subtiles et plus en harmonie avec l'essence de l'âme que ne le sont les grossières manifestations terrestres.

Les personnes vertueuses qui résistent à la tentation sur terre, mais qui ne se libèrent pas totalement de l'illusion, sont récompensées après la mort par une période de repos régénérateur dans ce paradis astral parmi les nombreux demi-anges et les nombreuses âmes à demi rachetées qui poursuivent une vie excessivement supérieure à la vie terrestre. Ces personnes y jouissent alors des fruits de leur bon karma astral qui leur a été attribué pour une durée karmiquement prédéterminée ; après quoi leur karma terrestre résiduel les attire à nouveau pour se réincarner dans un corps physique. Leur « grande récompense » dans le ciel astral est la possibilité qui leur est donnée de créer à volonté les conditions de vie désirées, uniquement en utilisant les vibrations et l'énergie à leur disposition, et non les propriétés fixes des solides, des liquides et des substances gazeuses rencontrées au cours de leur séjour terrestre. Dans le ciel astral, l'habitat, les biens, les conditions climatiques et le transport sont assujettis à la force de volonté des êtres astraux, qui ont le pouvoir de matérialiser, manipuler et dématérialiser la substance biotronique de ce monde plus subtil selon leurs préférences.

Les âmes totalement libérées n'abritent plus aucun désir terrestre dans leur cœur lorsqu'elles quittent les rives de ce monde. Ces âmes sont alors établies de manière permanente en tant que «colonne» dans la demeure de la Conscience cosmique et ne se réincarnent plus jamais sur le plan terrestre, à moins qu'elles ne le fassent de leur propre volonté pour ramener à Dieu des âmes encore attachées à la terre[1].

Ainsi sont les prophètes de Dieu: des âmes qui sont ancrées dans la Vérité et qui retournent sur terre sur instruction divine pour guider les autres sur la voie de la spiritualité par leur conduite exemplaire et leur message de salut. La condition spirituelle d'un prophète ou sauveur est un état d'union complète avec Dieu, qui lui confère la faculté de proclamer Dieu de cette manière spirituelle pleine de mystères. Ce sont généralement d'extraordinaires réformateurs qui offrent à l'humanité d'exceptionnels exemples spirituels. Ils nous démontrent le pouvoir et l'influence supérieurs de l'amour sur la haine, de la sagesse sur l'ignorance, même au prix du martyre. Ils refusent de renoncer à leurs vérités, quel que soit le degré de persécution physique ou mentale, de déshonneur ou de fausses accusations qu'ils doivent endurer; et tout aussi fermement, ils refusent de haïr leurs persécuteurs ou de recourir à l'expédient de la vengeance pour réprimer leurs ennemis. Ainsi, ils manifestent et conservent la retenue et l'indulgence de l'amour divin qui pardonne tout, ayant eux-mêmes trouvé refuge dans cette Grâce infinie.

Chez toutes les grands âmes – celles qui viennent sur terre pour montrer à l'humanité le chemin du bonheur éternel ou de la conscience béatifique –, on trouve ces qualités spirituelles louées par Jésus comme étant la voie qui conduit à la béatitude. Dans la Bhagavad Gita, Sri Krishna énumère de façon complète ces qualités d'âme requises qui distinguent l'homme divin:

> *(Le sage se distingue par) l'humilité, l'absence d'hypocrisie, l'incapacité à faire du mal, le pardon, la droiture, le service au guru, la pureté de l'esprit et du corps, la persévérance, la maîtrise de soi;*

---

[1] « Celui qui vaincra, je ferai de lui une colonne dans le temple de mon Dieu, et il n'en sortira plus » (Apocalypse 3, 12).

L'indifférence envers les objets des sens, l'absence d'égoïsme, la compréhension de la souffrance et des maux (inhérents à la vie mortelle) : la naissance, la maladie, la vieillesse et la mort ;

Le non-attachement, la non-identification du Soi avec, par exemple, ses enfants, son conjoint ou sa famille ; une équanimité constante dans les circonstances désirables et indésirables ;

Une dévotion inébranlable envers Moi à travers le yoga de la non-séparativité, un esprit méditatif tourné vers la solitude, en évitant la compagnie des hommes de ce monde ;

La persévérance dans la connaissance du Soi ; et la perception méditative de l'objet de toute connaissance, c'est-à-dire la véritable essence ou signification qu'il contient. Toutes ces qualités constituent la sagesse ; les qualités qui leur sont opposées constituent l'ignorance (Bhagavad Gita XIII, 7-11).

En cultivant les vertus énumérées ci-dessus, l'homme peut, même dans ce monde matériel, vivre dans la conscience béatifique de l'âme en véritable enfant de Dieu. Sa propre vie, comme la vie de nombreuses personnes avec lesquelles il entre en contact, rayonne alors de la lumière, de la joie, et de l'amour infinis du Père éternel.

CHAPITRE 8

L'Amour divin :
le but le plus élevé de la religion et de la vie

Un docteur de la loi se leva, et dit à Jésus, pour l'éprouver : « Maître, que dois-je faire pour hériter la vie éternelle ? »

Jésus lui dit : « Qu'est-il écrit dans la loi ? Qu'y lis-tu ? »

Il répondit : « Tu aimeras le Seigneur, ton Dieu, de tout ton cœur, de toute ton âme, de toute ta force, et de tout ton esprit* ; et ton prochain comme toi-même. »

« Tu as bien répondu, lui dit Jésus ; fais cela, et tu vivras » (Luc 10, 25-28).

Passage parallèle dans l'Évangile de Marc :

Un des scribes, qui les avait entendus discuter, sachant que Jésus avait bien répondu aux sadducéens, s'approcha, et lui demanda : « Quel est le premier de tous les commandements ? »

Jésus répondit : « Voici le premier : "Écoute, Israël, le Seigneur, notre Dieu, est l'unique Seigneur ; et : Tu aimeras le Seigneur, ton Dieu, de tout ton cœur, de toute ton âme, de tout ton esprit*, et de toute ta force." Voici le second : "Tu aimeras ton prochain comme toi-même." Il n'y a pas d'autre commandement plus grand que ceux-là » (Marc 12, 28-31).

L e but tout entier de la religion – en fait, de la vie elle-même – est inclus dans les deux commandements primordiaux cités par le Seigneur Jésus dans ces versets. En eux repose l'essence de la vérité éternelle qui distingue tous les chemins spirituels authentiques ; ce sont les impératifs irréductibles que l'homme doit embrasser en tant qu'âme individualisée séparée de Dieu s'il veut reconquérir l'unité avec son Créateur.

« Fais cela, et tu vivras » répondit Jésus au docteur de la loi qui lui avait demandé comment obtenir la vie éternelle. C'est-à-dire : « Si vous pouvez donner à Dieu tout votre amour dans la véritable communion avec Lui au cours de la méditation quotidienne, et démontrer par vos actions que vous aimez votre prochain (votre frère en Dieu) comme vous-même, vous vous élèverez au-dessus de la conscience mortelle de ce plan illusoire de la vie et de la mort et vous prendrez conscience de l'Esprit éternel et immuable qui existe en vous ainsi qu'en toutes choses. »

« De ces deux commandements dépendent toute la loi et les prophètes » proclama Jésus au docteur de la loi mentionné dans Matthieu. Et au scribe de l'Évangile de Marc qui demandait quel commandement divin était le plus important, Jésus répondit : « Le Souverain cosmique et notre Protecteur, notre Dieu unique, est le seul Seigneur et Maître de toute la création. Il t'a créé en tant que l'un de Ses fils, fait à Son image et détenteur de la relation divine établie par Lui. Il t'incombe d'aimer spontanément ton Créateur avec l'amour qu'Il a implanté en toi – avec tout l'amour divin de ton cœur, avec toute la perception intuitive de ton âme, avec toute l'attention de ton esprit et avec toute la force de ta détermination mentale et de ton énergie physique. »

Ceci, déclara Jésus, est la plus importante de toutes les lois cosmiques établies par l'Esprit pour l'élévation et la libération de l'âme ; car lorsque l'homme ouvre la porte de son amour à Dieu, le Seigneur s'unit à lui et le libère de l'esclavage de l'illusion. Aimer suprêmement Dieu, c'est recevoir de Lui en retour le contentement et l'accomplissement éternels, ainsi que la libération de tous les désirs humains qui provoquent, de manière irresponsable, les naissances et les morts continuelles avec leurs lots de souffrances imprévisibles.

Jésus loua le discernement dont faisait preuve le scribe et l'assura qu'il n'était pas loin d'atteindre un degré élevé de conscience spirituelle, parce que cet homme comprenait qu'aimer Dieu en tant qu'Être suprême et en tant qu'Immanent en tous les êtres, « c'est plus que tous les holocaustes et tous les sacrifices ». Adorer le Créateur à travers des cérémonies religieuses formelles, c'est maintenir une séparation entre celui qui adore et Celui qui est adoré. Mais L'aimer dans le silence intérieur, c'est devenir Son ami, Son enfant, et c'est devenir un avec Lui.

Que Dieu ordonne à l'homme de L'aimer plus que toute autre chose pourrait sembler indigne d'une Divinité toute-puissante. Mais tous les avatars et les saints ont fort bien compris que ce n'est pas là pour apaiser quelque caprice chimérique de Dieu, mais qu'il s'agit plutôt d'une condition nécessaire pour que l'âme individualisée puisse établir une connexion consciente avec la Source d'où elle provient. Dieu peut vivre sans l'amour de l'homme; mais de même que la vague ne peut vivre sans l'océan, il n'est pas possible pour l'homme d'exister sans l'amour de Dieu. La soif d'amour présente en chaque cœur humain vient du fait que l'homme est fait à l'image d'amour de Dieu. C'est pourquoi les avatars et les saints exhortent l'humanité à aimer Dieu, non par obligation ou par obéissance à un commandement, mais parce que l'océan de Son amour déferle sans cesse derrière la petite vague d'amour de chaque cœur.

Un grand saint indien a dit: «Le plus sage est celui qui recherche Dieu de tout son cœur avant toute chose»; car en Le trouvant, il reçoit, en même temps que Lui, tout ce qui appartient à Dieu. Aimer Dieu, c'est entrer en contact avec la Source prodigue de la création. Bien des hommes de ce monde s'engagent déraisonnablement corps et âme dans la recherche de l'argent, de l'amour humain ou des pouvoirs terrestres, uniquement pour les perdre – si par chance ils les ont trouvés – au moment de la mort. L'utilisation la plus sage que l'on peut faire de la vie est de la dédier à la recherche de Dieu, l'unique trésor qui procure des satisfactions éternelles et qui ne peut jamais être perdu ou diminué.

Bien que l'on doive aimer Dieu pour Le connaître, il est également vrai que l'on doit connaître Dieu pour L'aimer. Personne ne peut aimer quoi que ce soit dont il ignore tout; personne ne peut aimer une personne qui lui est totalement inconnue. Mais ceux qui méditent profondément Le «connaissent» parce qu'ils ont des preuves de l'existence de Dieu qui leur apparaît sous diverses formes: la Joie toujours nouvelle ressentie dans la méditation, le Son cosmique de l'*Aum* (Amen) entendu dans le silence profond, l'Amour cosmique éprouvé en concentrant sa dévotion dans le cœur, la Sagesse cosmique qui se révèle en tant qu'illumination intérieure, la Lumière cosmique évoquant des visions d'Infinité, ou encore la Vie cosmique ressentie durant la méditation lorsque la petite vie humaine se joint à la grande Vie présente en toutes choses.

Tout fidèle qui, ne serait-ce qu'une fois, a fait l'expérience de Dieu au cours de sa méditation, sous l'une quelconque de Ses manifestations tangibles, ne peut s'empêcher de L'aimer lorsqu'il entre ainsi en contact avec Ses qualités exaltantes. La plupart des gens n'aiment jamais réellement Dieu parce qu'ils ne savent pas assez combien le Seigneur est adorable lorsqu'Il visite le cœur du fidèle en méditation. Ce contact effectif avec la présence transcendantale de Dieu est accordé aux fidèles déterminés qui persévèrent dans leur méditation et leurs prières ferventes et incessantes.

Il n'y a que Dieu qui soit à l'origine de toutes les facultés de l'homme : Il est le Créateur de notre amour, avec lequel nous aimons, de notre âme, qui nous confère l'immortalité, de notre esprit et des processus de notre mental, avec lesquels nous pensons, raisonnons et agissons, et de notre vitalité, grâce à laquelle nous prenons part aux activités de notre vie. Nous devons utiliser tous ces dons avec un maximum d'énergie et d'enthousiasme pour exprimer notre amour à Dieu, au cours de la méditation, jusqu'à ce que nous ressentions consciemment Sa réponse se manifester.

La personne religieuse ordinaire prétend accomplir ses obligations spirituelles en récitant distraitement des prières ou en accomplissant des rituels mécaniques, ou encore en se perdant dans la forêt de la théologie et du dogme. Il se peut qu'elle tente de ressentir de l'amour et de la dévotion pour Dieu dans son cœur, ou de fixer son esprit sur Dieu au mieux de ses possibilités quand elle prie ; il se peut aussi qu'elle s'efforce d'aimer Dieu « de toutes ses forces » en chantant, en dansant ou même en se roulant sur le sol vigoureusement comme le font certaines sectes de chrétiens pentecôtistes que l'on nomme les « Holy Rollers ». Mais lorsqu'il s'agit d'aimer Dieu de toute son âme, elle se trouve dans l'embarras, ne sachant pas ce qu'est l'âme. Le seul moment où elle a une certaine idée de son âme (et alors uniquement de façon inconsciente), c'est dans la phase de sommeil profond et sans rêves. Dans cet état, la « force » ou énergie vitale est débranchée des cinq sens et se retire vers l'intérieur ; la conscience de soi en tant qu'être physique disparaît. La nuit, les êtres humains ont un aperçu de leur Soi véritable, l'âme ; chaque matin au réveil, la majorité d'entre eux reprennent leur identité erronée en tant qu'êtres mortels.

Les tentatives extérieures visant à mettre en pratique l'enseignement de Jésus n'aboutissent habituellement qu'à une minime satisfaction extérieure, et non à la réalisation de Dieu. Mais il existe une signification profonde à l'exhortation à aimer Dieu de tout son cœur, de tout son esprit, de toute son âme et de toutes ses forces. Si Jésus a utilisé ces termes simples des Écritures, il y a aussi infusé sa connaissance spirituelle de sorte qu'en eux se retrouve toute la science du yoga, le chemin transcendantal permettant d'atteindre l'union divine à travers la méditation. En Inde, où la compréhension spirituelle s'était développée pendant des millénaires avant l'époque de Jésus, les sages qui avaient la connaissance de Dieu transformèrent ces concepts en une philosophie spirituelle complète destinée à guider les fidèles de manière systématique sur le sentier de la libération. Lorsqu'une personne fait l'effort au cours de la méditation de connaître Dieu, en utilisant la sincérité de son cœur et de ses sentiments les plus profonds, l'intuition de son âme, tout le pouvoir de concentration de son esprit et toute son énergie ou sa force vitale intérieure, elle est certaine de réussir.

L'ensemble des pratiques spirituelles par lesquelles on apprend à « aimer Dieu de tout son cœur » est connu en Inde sous le nom de *Bhakti Yoga* – l'union avec Dieu à travers l'amour et la dévotion inconditionnels. Le *bhakta* prend conscience que ce vers quoi son cœur se tourne, là se trouve sa concentration, c'est-à-dire sur l'objet de son amour. De même que le cœur de l'amoureux est entièrement concentré sur sa bien-aimée, et que celui de l'ivrogne est concentré sur la boisson, le cœur du fidèle se trouve continuellement absorbé dans l'amour pour son Bien-Aimé divin.

« Aimer Dieu de tout son esprit » signifie L'aimer avec une concentration totale. L'Inde s'est spécialisée dans la science de la concentration sur un objet précis au moyen de techniques définies, de manière à ce que le fidèle soit capable de conserver toute son attention sur Dieu au moment de Lui exprimer sa dévotion. Si, tandis que l'on prie avec dévotion, l'esprit s'échappe en permanence vers des pensées de travail, de nourriture, de sensations corporelles ou d'autres diversions, ce n'est pas là aimer Dieu de tout son esprit. La Bible enseigne : « Priez sans cesse » ; la science indienne du yoga offre la méthode effective permettant d'adorer Dieu en ayant l'esprit pleinement concentré.

« Aimer Dieu de toute son âme » signifie entrer dans l'état d'extase superconsciente, dans laquelle on perçoit directement l'âme et son unité avec Dieu. Quand plus aucune pensée ne traverse l'esprit, mais qu'on est néanmoins conscient d'être dans un état d'omniscience et qu'on sait intuitivement qu'on peut accomplir n'importe quelle chose par un simple acte de volonté, on se trouve alors dans un état d'expansion superconsciente. À ce stade, l'âme réalise qu'elle est un reflet de Dieu, qu'elle est unie à la conscience de Dieu. C'est un état de joie débordante : l'âme perçoit de manière limpide que l'Esprit omniprésent s'exprime en tant que joie de la méditation.

Aimer Dieu de toute son âme requiert l'immobilité parfaite venant de l'intériorisation transcendante. Il est impossible d'atteindre cela lorsque l'on prie à haute voix, que l'on bouge les mains dans tous les sens, que l'on chante ou psalmodie, ou que l'on fait quoi que ce soit d'autre qui active le système sensori-moteur du corps. De la même manière que le corps et les sens deviennent inertes lorsqu'on dort profondément, ce retrait intérieur des facultés sensori-motrices est également caractéristique de l'extase superconsciente – à la différence que l'extase est beaucoup plus profonde que le sommeil. Dix millions de sommeils ne pourraient en décrire la joie. C'est là l'état dans lequel on est à même de connaître l'âme et, avec ce Soi véritable, d'adorer pleinement Celui qui est l'Amour même.

Le commandement divin enjoignant d'aimer Dieu de tout son cœur, de tout son esprit et de toute son âme peut s'accomplir grâce à la science qui permet au fidèle d'« aimer Dieu de toutes ses forces ». Le yoga enseigne cette science. Lorsqu'on dort, l'esprit conscient est inactif ; la force est retirée de l'appareil sensori-moteur du cerveau, ainsi que des muscles et des nerfs, et se trouve concentrée dans les facultés de l'esprit subconscient. Il est impossible d'entrer dans l'état de sommeil subconscient à moins que la force vitale n'ait été déconnectée, habituellement de manière passive, du système nerveux sensori-moteur conscient ; et il est impossible d'entrer dans l'état superconscient, qui transcende la subconscience, sans déconnecter consciemment l'énergie vitale des sens et des muscles.

La maîtrise de l'énergie vitale qui nous permet d'aimer Dieu de toutes nos forces commence avec la posture (*asana*, ou l'entraînement du corps à rester immobile avec aisance et sans agitation dans une posture de méditation correcte) et les exercices de respiration visant à contrôler la force vitale (*pranayama*, techniques destinées à calmer le souffle et le cœur). Par une telle pratique, le cœur se calme, parvenant à déconnecter de manière effective l'énergie des sens et à apaiser le souffle agité qui garde l'homme attaché à la conscience corporelle. Le yogi est ainsi capable de se concentrer sur Dieu sans subir l'attirance importune du corps. L'esprit, détaché des sensations, s'intériorise de manière transcendantale (*pratyahara*). Le fidèle peut alors utiliser cet esprit libéré pour communier avec Dieu et Lui exprimer tout son amour. Lorsque le fidèle peut aimer Dieu en ayant l'esprit intériorisé, il commence à ressentir cet amour pour Dieu dans son cœur, imprégnant de manière exquise chaque nuance de ses sentiments de la présence de Dieu. Celui qui a le cœur saturé de la présence de Dieu ressent alors le Seigneur bien-aimé dans les replis les plus profonds de son âme, où son petit amour humain rencontre le grand Amour divin et se trouve enveloppé par lui. La perception de Dieu dans l'âme se développe jusqu'à la réalisation de Dieu dans Son omniprésence (c'est ce que le yoga appelle *samyama*: *dharana*, *dhyana*, *samadhi*).

Les enseignements de Jésus qui paraissent simples au premier abord sont en réalité très profonds – bien plus profonds que ce que la plupart des gens pensent. Les éléments prouvant qu'il a enseigné dans son intégralité le système du yoga, la méthode scientifique permettant de s'unir à Dieu, se trouvent dans le livre de l'Apocalypse, dans le mystère des sept étoiles et des sept églises avec leurs sept anges et leurs sept chandeliers d'or. La réalisation divine s'obtient en ouvrant les «sept sceaux» des centres de perception spirituelle de la colonne vertébrale et du cerveau pour atteindre la maîtrise sur tous les pouvoirs astraux de la vie et de la mort et permettre ainsi à l'âme de s'élever vers la libération.

Jésus a insisté sur le fait que le salut commence avec ces pratiques qui permettent au fidèle d'aimer véritablement Dieu à travers les suprêmes offrandes du cœur, de l'esprit, de l'âme et de la force intérieure. Dans la Bhagavad Gita, le plus grand texte sacré indien du yoga, le Seigneur prononce des paroles qui sont analogues au commandement cité par Jésus dans les Écritures: «Écoute encore Ma parole suprême, la plus secrète de toutes. Parce que Je t'aime profondément, Je vais te dire ce qui t'est profitable. Absorbe ton esprit en Moi ; deviens Mon fidèle ; renonce à toutes choses pour Moi ; prosterne-toi devant Moi. Tu M'es cher, aussi en vérité Je te promets : Tu parviendras à Moi ! »

Le premier commandement conduit le fidèle à observer le deuxième grand commandement spirituel, semblable au premier. Lorsque nous faisons l'effort de percevoir Dieu en nous, nous avons aussi le devoir de partager notre expérience de Dieu avec nos prochains : « Tu aimeras ton prochain (toutes les races et créatures avec lesquelles nous entrons en contact en tous lieux) comme toi-même (comme tu aimes ta propre âme) – parce que tu vois Dieu en tous. » Notre prochain est la manifestation de notre plus grand Soi ou Dieu. L'âme est un reflet de l'Esprit, un reflet qui se trouve en chaque être humain ainsi que dans la vie vibratoire de tout l'environnement cosmique animé et inanimé. Aimer père, mère, parents proches et éloignés, associés, compatriotes, toutes les races de la terre, toutes les créatures, les fleurs, les étoiles, qu'ils vivent dans « notre environnement proche » ou dans le spectre de notre conscience, c'est aimer Dieu dans Ses multiples manifestations tangibles. Ceux qui sont encore incapables d'aimer Dieu lorsqu'Il S'exprime en eux de manière subtile pendant la méditation peuvent nourrir leur amour pour Lui lorsqu'Il Se manifeste dans la nature et dans tous les êtres qu'ils contactent ou perçoivent de quelque façon que ce soit.

C'est Dieu qui S'est fait père pour protéger l'enfant, mère pour aimer l'enfant inconditionnellement et amis pour aider l'âme incarnée sans être limité par des instincts familiaux. C'est Dieu qui est devenu la terre ornée de son dais d'étoiles afin de distraire Ses enfants humains avec ses merveilles célestes. C'est Lui qui est devenu la nourriture, le souffle et les fonctions vitales afin qu'existent les innombrables formes du monde terrestre. Lorsque l'homme commence à se rendre compte de l'immanence divine, cela réveille en lui la conscience du devoir et du privilège d'adorer Dieu, présent dans son temple corporel (à travers la méditation) et présent dans le temple de tous les êtres et de toutes les choses de l'univers (à travers l'amour de son prochain, tandis qu'il s'approche de sa demeure cosmique).

Même les saints qui aiment Dieu dans l'extase transcendantale de la méditation ne trouvent une rédemption complète qu'après avoir partagé leur réalisation divine en aimant le Dieu manifesté en toutes les âmes, grâce à la proximité omniprésente de leur âme.

Encouragé par l'amour qu'il porte à Dieu dans la méditation, le fidèle devrait cultiver de son mieux cette fraternité spirituelle en faisant en sorte d'aider ceux qui sont extérieurs à son cercle familial, tout en étant plus proches que le monde dans son ensemble. Les gens préfèrent instinctivement aider leur famille plutôt que des personnes étrangères ; et l'idée même du « monde » est un concept très éloigné et abstrait. Mais lorsqu'une personne vit seulement pour elle-même et les quelques privilégiés qu'elle considère comme siens, elle étouffe l'expansion de sa vie et, d'un point de vue spirituel, elle ne vit pas du tout. Au contraire, lorsqu'une personne étend sa compassion et sa bienveillance de la conscience familiale « nous quatre et pas plus » à ses proches puis au monde, sa petite vie rejoint la plus grande vie de Dieu et devient la Vie éternelle. Ainsi, on remplit la deuxième condition que le Christ indique en réponse à la question posée par le docteur de la loi : « Que dois-je faire pour hériter la vie éternelle ? »

La plupart des gens vivent entre les murs étroits de l'égoïsme, sans jamais ressentir la pulsation de la vie universelle de Dieu. Celui qui vit sans savoir que sa vie provient de la vie éternelle, qui mène une existence uniquement matérielle, qui meurt et se réincarne en étant oublieux de ses vies passées, n'a pas vécu réellement. Sa conscience mortelle a erré à travers les trompeuses expériences de rêve de l'existence terrestre, mais son véritable Soi, l'âme, ne s'est jamais réveillé pour exprimer sa nature et son immortalité divines. Par contre, tout fidèle qui, par la méditation, prend conscience de la vie éternelle qui se cache derrière sa vie mortelle vivra pour toujours, restant à jamais conscient de son existence au moment de la mort, lors du passage d'une incarnation à l'autre ou dans l'éternité, lorsque l'âme aura atteint la liberté éternelle en Dieu.

Les saints et les sages qui respectent les deux principaux commandements ne sont plus assujettis à la discipline des autres commandements, car en aimant Dieu dans la méditation transcendantale et en aimant Dieu manifesté chez les autres, la justice inhérente à toutes les lois cosmiques est automatiquement respectée. Chez le fidèle qui a établi le contact avec Dieu, le Législateur de la Loi cosmique œuvre en tant que bonté intuitive naturelle qui garde ce fidèle continuellement en harmonie avec les codes universels divins. Des millénaires de ténèbres accumulés autour de l'âme peuvent être dissous graduellement par la lumière des petites flammes venant de l'observance des nombreuses règles de conduite. Mais lorsque par un suprême effort du cœur, de l'esprit et de la force intérieure, la lumière omniprésente de Dieu entre dans l'âme, ces ténèbres disparaissent immédiatement ; et les lueurs vacillantes des actes de discipline sont absorbés dans cette grande Lumière. C'est pourquoi aimer Dieu par des prières et des méditations permanentes et aimer Dieu en Le servant physiquement, mentalement et spirituellement à travers Sa famille universelle constituent le fondement et l'essence de toutes les autres lois de conduite humaine et des vies libérées en Dieu.

La renaissance de l'amour pour Dieu et pour son prochain à laquelle Jésus-Christ nous exhorte amènerait un esprit d'unité propre à guérir les maux du monde.

C'est uniquement par la communion avec Dieu que l'harmonie et la fraternité seront établies sur terre. Lorsqu'une personne perçoit réellement la Présence divine dans son âme, elle se sent poussée à donner son amour à son prochain – qu'il soit juif, chrétien, musulman ou hindou – car elle a conscience que son propre Soi et le Soi de tous les autres êtres sont de la même manière des âmes, des reflets du Dieu unique infiniment digne d'être aimé. Les programmes sociaux et politiques utopiques n'auront que peu d'effets positifs à long terme tant que l'humanité n'aura pas appris la science éternelle par laquelle les adeptes de n'importe quelle religion peuvent connaître Dieu en unissant leur âme avec Lui afin de communier avec l'Esprit.

Observer le « premier commandement », tel qu'énoncé par Jésus, constitue le devoir central de la vie humaine ; la foule de responsabilités exigeantes à laquelle l'homme doit faire face doit être subordonnée et mise au service de l'accomplissement de ce devoir. Jésus soutenait le commandement des Écritures exhortant à honorer son père et sa mère, mais recommandait d'aimer Dieu par-dessus tout. Notre père, notre mère, nos amis et ceux qui nous sont chers sont des dons de Dieu. Aimez l'Amour unique qui Se cache derrière tous ces masques bienveillants qui croisent votre route. Aimez-Le d'abord et par-dessus toutes choses, sinon un nombre incalculable de fois Il visitera votre cœur et disparaîtra aussitôt car Il n'aura pas été reconnu ni bien accueilli.

Chercher l'union avec Dieu dès maintenant est d'une importance capitale. Son amour est le seul refuge, dans la vie et dans la mort. Notre temps doit être utilisé au mieux ; pourquoi ne le serait-il pas pour reconquérir notre unité avec le Créateur de cet univers, notre Père infini ?

CHAPITRE 9

Le royaume de Dieu est en vous

Les pharisiens demandèrent à Jésus quand viendrait le royaume de Dieu. Il leur répondit : « Le royaume de Dieu ne vient pas de manière à frapper les regards. On ne dira point : "Il est ici", ou : "Il est là". Car voici, le royaume de Dieu est au-dedans* de vous » (Luc 17, 20-21).

Jésus s'adresse ici à l'humanité qui est sans cesse à la recherche d'un bonheur permanent et d'une libération complète de toutes ses souffrances : « Le royaume de Dieu – de la Conscience cosmique éternelle, immuable, génératrice de félicité toujours renouvelée – est en vous. Contemplez votre âme en tant que reflet de l'Esprit immortel, et vous verrez votre Soi englober le royaume infini du Dieu de l'amour, de la sagesse et de la félicité existant dans chaque particule de la création vibratoire et dans l'Absolu transcendantal dépourvu de vibrations. »

Les enseignements de Jésus sur le royaume de Dieu – exprimés parfois dans un langage direct et parfois en paraboles remplies de significations métaphysiques – peuvent être considérés comme étant au centre même de son message tout entier. L'Évangile affirme qu'au tout début de son ministère public : « Jésus vint en Galilée, prêchant l'évangile du royaume de Dieu. » Son exhortation à « chercher d'abord le royaume de Dieu » est au cœur de son Sermon sur la montagne. La seule prière qu'à ce que l'on sait il enseigna à ses disciples est une supplique adressée à Dieu : « Que Ton règne vienne. » Il ne cessa de parler du royaume du Père céleste et de la méthode pour l'atteindre :

« Si un homme ne naît d'eau et d'Esprit, il ne peut entrer dans le royaume de Dieu. »

« Efforcez-vous d'entrer par la porte étroite. Car, je vous le dis, beaucoup chercheront à entrer, et ne le pourront pas. »

« Personne n'est monté au ciel, si ce n'est celui qui est descendu du ciel, le Fils de l'homme qui est dans le ciel. Et comme Moïse éleva le serpent dans le désert, il faut de même que le Fils de l'homme soit élevé. »

« Si ton œil droit est pour toi une occasion de chute, arrache-le et jette-le loin de toi ; mieux vaut pour toi entrer dans le royaume de Dieu*, n'ayant qu'un œil*, que d'avoir deux yeux* et d'être jeté dans le feu* de la géhenne. »

« Je suis la porte. Si quelqu'un entre par moi, il sera sauvé ; il entrera et il sortira, et il trouvera des pâturages. »

« Je suis le chemin, la vérité, et la vie. Nul ne vient au Père que par moi[1]. »

Prises ensemble, ces déclarations ainsi que d'autres faites par Jésus au sujet du royaume de Dieu permettent de comprendre pleinement l'affirmation, contenue dans les présents versets, selon laquelle le royaume de Dieu « ne vient pas de manière à frapper les regards », c'est-à-dire en utilisant les sens physiques tournés vers la matière (la vue, l'ouïe, le goût, l'odorat et le toucher), mais en intériorisant la conscience afin de percevoir la Réalité divine présente « au-dedans de vous ».

« Le royaume de Dieu ne peut venir en réponse à des observations sensorielles ; et ils ne peuvent pas non plus le trouver, ceux qui disent : "Regardez, il est ici ou là dans les nuages." Concentrez-vous plutôt à l'intérieur de vous-mêmes et vous trouverez la sphère de Conscience divine cachée derrière votre conscience matérielle. »

Beaucoup de gens pensent au Ciel comme à un lieu physique, un point dans l'espace bien au-dessus de l'atmosphère et au-delà des étoiles. D'autres interprètent les affirmations de Jésus au sujet de l'avènement du royaume de Dieu comme faisant référence à l'avènement d'un Messie destiné à établir et à diriger un royaume divin sur terre. En fait, le royaume de Dieu et le royaume du Ciel se composent, respectivement, des infinités transcendantales de la Conscience cosmique et des royaumes célestes astral et causal de la création vibratoire. Ces derniers

---

[1] La profonde signification métaphysique de tous ces versets ainsi que leur application dans la science du yoga sont expliquées de manière complète dans *The Second Coming of Christ : The Resurrection of the Christ Within You* (publié par la Self-Realization Fellowship).

sont considérablement plus subtils et plus en harmonie avec la volonté de Dieu que ne le sont ces vibrations physiques agrégées ensemble pour former les planètes, l'atmosphère et la terre.

Les objets matériels, connus au travers des sensations visuelles, auditives, olfactives, gustatives et tactiles, sont constitués d'un jeu de forces trouvant leur origine et existant au-delà des capacités de perception de la conscience humaine. L'origine première de toutes les formes matérielles et de toutes les vibrations matérielles réside dans la Conscience cosmique. La matière est de l'énergie physique condensée ; l'énergie physique est de l'énergie astrale condensée ; et l'énergie astrale est de la force-pensée prototypique de Dieu condensée. D'où il ressort que la Conscience cosmique se trouve cachée à l'intérieur et derrière les différentes couches de matière, d'énergie physique, d'énergie astrale et de pensée ou conscience.

Ce qui est dans le macrocosme est aussi dans le microcosme du corps humain : la Conscience cosmique, qui se caractérise par une joie toujours nouvelle et par l'immortalité, est la créatrice de la conscience humaine, et en tant que telle réside en elle. De la Conscience cosmique ont été conçues les âmes individuelles ; ces idéations individualisées de la pensée de Dieu se sont revêtues de deux couches additionnelles de manifestation extérieure lorsque les forces causales magnétiques de conscience se sont condensées en corps astral d'énergie vitale lumineuse et en corps mortel de chair et d'os.

Ainsi, le royaume de Dieu n'est pas séparé du royaume de la matière, mais se trouve à la fois en lui – l'imprégnant sous une forme subtile en tant que son origine et soutien – et au-delà de lui, dans les demeures infinies du Père situées au-delà des confins du cosmos physique[1].

---

[1] Si ceux qui vous conduisent disent : « Regardez, le royaume est dans les cieux », alors les oiseaux du ciel vous précéderont. S'ils vous disent : « Il est dans la mer », alors les poissons vous précéderont. Mais le royaume est en vous et il est à l'extérieur de vous. Si vous vous connaissez vous-mêmes, alors vous serez connus, et vous prendrez conscience que vous êtes des fils du Père vivant. Mais si vous ne vous connaissez pas vous-mêmes, alors vous demeurez dans la pauvreté et vous êtes pauvreté » (L'Évangile de Thomas, verset 3).

Ses disciples lui dirent : « ... Quand le nouveau monde viendra-t-il ? » Il leur dit : « Ce dont vous vous réjouissez à l'avance est venu, mais vous ne le savez pas » (L'Évangile de Thomas, verset 51).

Les disciples de Jésus lui dirent : « Quand le royaume viendra-t-il ? » Jésus répondit : « Ce n'est pas en l'attendant qu'il viendra. Les gens ne diront pas : "Regardez, il est ici !" ou "Le voilà !" Mais le royaume du Père s'étend sur la terre et les gens ne le voient pas » (L'Évangile de Thomas, verset 113). *(Note de l'éditeur)*

C'est pour cela que Jésus a dit qu'il est vain de chercher le ciel en focalisant sa conscience sur les vibrations matérielles, c'est-à-dire en s'identifiant avec les sensations et les plaisirs corporels ainsi qu'avec les attraits terrestres. Dans le royaume de la matière et de la conscience corporelle, l'homme trouve la maladie et la souffrance mentale et physique ; mais en se tournant vers le royaume intérieur, il trouve le Consolateur, l'Esprit-Saint ou la Vibration cosmique de l'*Aum*, qui se manifeste dans les centres cérébro-spinaux subtils de la conscience spirituelle. Se laisser emporter par le flot extérieur de la conscience matérielle signifie être entraîné, qu'on le veuille ou non, vers l'enfer du royaume de Satan – le royaume des attachements terrestres et des limitations du corps mortel ; suivre le flot intérieur de la conscience en méditant sur l'*Aum*, c'est atteindre le royaume de béatitude de Dieu qui se cache derrière la barrière opaque de l'existence physique[1].

La communion avec le saint Consolateur permet d'entrer en harmonie avec la Conscience christique résidant dans le corps en tant qu'âme toujours parfaite. À travers une communion plus profonde avec la Conscience christique vient la prise de conscience de l'unité de l'âme avec l'Esprit omniprésent : le Soi s'élargit jusqu'à atteindre son Soi infini pour embrasser le royaume divin sans limites de la Béatitude toujours existante, toujours consciente et toujours renouvelée.

Le royaume de Dieu attend d'être découvert par chaque âme circonscrite dans un corps et par tous ceux qui s'intériorisent profondément dans la méditation afin de transcender la conscience humaine et d'atteindre les états supérieurs successifs de la superconscience, de la Conscience christique et de la Conscience cosmique. Ceux qui s'immergent dans la

---

[1] Parmi les Évangiles non canoniques qui ont survécu depuis le tout début de l'ère chrétienne se trouve un fragment de manuscrit connu sous le nom de « Dialogue avec le Sauveur », composé aux alentours de l'an 150 et perdu jusqu'à la découverte des manuscrits de Nag Hammadi en 1945. La traduction de ce manuscrit figurant dans *The Complete Gospels : Annotated Scholar's Version* inclut ce passage (14, 1-4) :

Matthieu dit : « Seigneur, je souhaite voir ce lieu de vie... où il n'y a pas de méchanceté mais seulement la pure lumière. »

Le Seigneur dit : « Frère Matthieu, tu ne seras pas capable de le voir aussi longtemps que tu auras un corps de chair. »

Matthieu dit : « Seigneur, même si je ne suis pas capable de le voir, fais-le moi connaître. »

Le Seigneur dit : « Ceux qui se connaissent eux-mêmes l'ont vu. » *(Note de l'éditeur)*

méditation, en se concentrant intensément dans le silence intérieur, où toute pensée est neutralisée, retirent leur esprit des objets matériels de la vue, de l'ouïe, de l'odorat, du goût et du toucher, autrement dit de toutes les sensations corporelles et de toute l'agitation mentale perturbatrices. Dans cette tranquillité et cette concentration intérieures, ils trouvent un sentiment de paix ineffable. La paix est le premier aperçu du royaume intérieur de Dieu.

Les fidèles qui savent ainsi, à volonté, intérioriser leur esprit et sont capables de se concentrer pleinement sur l'état de paix intérieur qui en résulte sont certains de trouver l'accès au royaume de la Conscience divine. Cette réalisation se développe graduellement sous forme d'omni-présence, d'omniscience, de félicité toujours nouvelle et de visions des royaumes de lumière éternelle dans lesquels toutes les âmes libérées évoluent en Dieu, se matérialisant et se dématérialisant quand elles le souhaitent. Aucun être ne peut entrer dans le paradis de la Conscience cosmique à moins qu'à travers les portes d'une fervente concentration et de la méditation il ne fasse pénétrer sa conscience profondément en lui-même. C'est pourquoi Jésus a affirmé sans équivoque : « Le royaume de Dieu est au-dedans de vous », c'est-à-dire à l'intérieur des états trans-cendants des perceptions de votre âme.

Il existe une merveilleuse correspondance entre les enseignements de Jésus-Christ appelant à entrer dans le « royaume de Dieu qui est au-dedans de vous » et les enseignements du yoga exposés par le Seigneur Krishna dans la Bhagavad Gita appelant à restaurer l'Âme-Reine, le reflet de Dieu dans l'homme, dans sa légitime souveraineté du royaume corporel, grâce à la complète réalisation des états de conscience divins de l'âme. Lorsque l'homme est établi dans le royaume intérieur de conscience divine, la perception éveillée et intuitive de son âme perce les voiles de la matière, de l'énergie vitale et de la conscience, révélant l'Essence divine qui est au cœur de toutes choses.

Il demeure dans le monde, enveloppant tout : partout sont Ses mains et Ses pieds ; présents de tous côtés sont Ses yeux et Ses oreilles, Ses bouches et Ses têtes ;

Brillant dans toutes les facultés des sens, et pourtant trans-
cendant les sens; détaché de la création, Il soutient cependant
toutes choses; libre de tous les gunas (les attributs de la Na-
ture), Il jouit de tous.

Il est à l'intérieur et à l'extérieur de tout ce qui existe, l'animé
et l'inanimé; Il est près, et loin; imperceptible tant Il est subtil.

Lui, l'Indivisible, Il apparaît sous la forme d'innombrables
êtres; Il maintient et détruit ces formes, puis les crée à nouveau.

La Lumière de toutes les Lumières, au-delà des ténèbres; la
Connaissance elle-même, Ce qui doit être connu, le But de
tout savoir, Il siège dans le cœur de tous (Bhagavad Gita XIII,
13-17).

Le *Raja Yoga*, la voie royale de l'union avec Dieu, est la science
permettant de véritablement réaliser le royaume de Dieu qui est en soi.
En pratiquant les techniques yoguiques sacrées d'intériorisation, reçues
lors de l'initiation venant d'un vrai guru, on peut trouver ce royaume
en éveillant les centres astraux et causals de force vitale et de conscience
de la colonne vertébrale et du cerveau, qui sont les portes d'entrée pour
accéder aux régions célestes de la conscience transcendante. Celui qui
atteint un tel éveil connaît le Dieu omniprésent dans Sa Nature infinie,
dans la pureté de sa propre âme, et même dans les apparences illusoires
des formes et des forces matérielles changeantes.

Patanjali, le principal auteur de l'Inde antique à avoir exposé le *Raja
Yoga*, a décrit huit étapes à suivre pour s'élever jusqu'au royaume de
Dieu présent à l'intérieur de nous :

1. *Yama,* la conduite morale : s'abstenir de tout préjudice envers au-
trui, par la véracité, l'absence de vol et de convoitise, et par la continence.

2. *Niyama* : la pureté du corps et de l'esprit, le contentement en
toutes circonstances, l'autodiscipline, l'étude de soi (contemplation) et la
dévotion envers Dieu.

Ces deux premières étapes apportent la maîtrise de soi et le calme
mental.

3. *Asana* : la discipline du corps, de manière à ce qu'il puisse adopter
et maintenir la posture correcte pour la méditation, sans fatigue ni agitation physique ou mentale.

4. *Pranayama*: les techniques de maîtrise de la force vitale qui calment le cœur et le souffle, et libèrent l'esprit des distractions sensorielles.

5. *Pratyahara*: la capacité d'intérioriser pleinement le mental et l'immobilité totale qui se produit lorsque l'esprit se retire des sens.

6. *Dharana*: la capacité d'utiliser l'esprit intériorisé pour se concentrer exclusivement sur Dieu sous l'un des aspects à travers lesquels Il Se révèle à la perception intérieure du fidèle.

7. *Dhyana*: la méditation approfondie par l'intensité de la concentration (*dharana*) permettant d'appréhender l'immensité de Dieu et de Ses attributs tels qu'ils sont manifestés dans l'expansion infinie de Sa Conscience cosmique.

8. *Samadhi*, l'union avec Dieu: la réalisation complète de l'unité de l'âme avec l'Esprit.

Tous les fidèles peuvent trouver la porte conduisant au royaume de Dieu en se concentrant sur l'œil spirituel, le centre de la Conscience christique, au point frontal situé entre les sourcils. La méditation longue et profonde, telle qu'elle est enseignée par un véritable guru, permet aux fidèles de convertir graduellement la conscience du corps matériel en conscience du corps astral, puis avec les facultés éveillées de la perception astrale d'induire des états de conscience de plus en plus profonds jusqu'à atteindre l'unité avec la Source de la conscience. En franchissant la porte de l'œil spirituel, les fidèles abandonnent tous les liens qui les rattachent à la matière et au corps physique, et ils parviennent à accéder à l'infinité intérieure du royaume de Dieu.

Les tissus du corps physique sont constitués de cellules; le tissu du corps astral est composé de biotrons – unités intelligentes de lumière ou d'énergie vitale. Lorsque l'homme se trouve dans un état d'attachement au corps, caractérisé par la tension ou la contraction de l'énergie vitale en composés atomiques, les biotrons du corps astral se compactent et acquièrent des limites à cause de l'identification avec la forme physique. Par la relaxation métaphysique, la structure biotronique commence à se dilater et l'emprise de la chair sur notre identité se relâche.

En méditant de plus en plus profondément, le cadre énergétique du soi astral s'étend au-delà des limites du corps physique. Le corps biotronique, appartenant à une sphère d'existence qui ignore les limites illusoires du monde physique tridimensionnel, est potentiellement capable de devenir un avec l'Énergie cosmique qui imprègne tout l'univers. Dieu en tant que Saint-Esprit ou sainte Vibration est la Lumière de l'Énergie cosmique ; l'homme, fait à l'image de Dieu, est composé de cette lumière. Nous sommes cette Lumière compactée ; et nous sommes cette Lumière de notre Soi universel.

La première étape pour entrer dans le royaume de Dieu consiste à s'asseoir sans bouger dans la posture correcte de méditation, avec la colonne vertébrale bien droite, et à tendre et à relâcher les muscles du corps car, par la relaxation, la conscience se retire des muscles. On commence par une respiration profonde et appropriée, en inspirant et en tendant tous les muscles du corps, puis en expirant et en détendant tous les muscles du corps, plusieurs fois de suite. Avec chaque expiration, toute tension musculaire et tout mouvement doivent disparaître afin d'atteindre un état de grande immobilité corporelle. Ensuite, grâce à des techniques de concentration, les pensées agitées disparaissent de l'esprit. Dans l'immobilité parfaite du corps et de l'esprit, on prend conscience de l'âme et on peut alors goûter à sa paix ineffable. Le corps est le temple de la vie ; l'esprit est le temple de la lumière ; l'âme est le temple de la paix. Plus on s'immerge dans les profondeurs de l'âme, plus on ressent cette paix ; c'est la superconscience. En approfondissant encore sa méditation, on développe de plus en plus la conscience de cette paix. Et lorsqu'on ressent sa conscience se répandre avec cette paix sur tout l'univers et qu'on perçoit que tous les êtres et toute la création sont engloutis dans cette paix, on entre dans la Conscience cosmique. On ressent cette paix partout : dans les fleurs, dans chaque être humain, dans l'atmosphère. On voit la terre et tous les mondes flotter comme de petites bulles dans cet océan de paix.

La paix intérieure que le méditant expérimente en premier dans la méditation est sa propre âme ; la paix plus vaste qu'il expérimente en approfondissant sa méditation, c'est Dieu. Celui qui fait l'expérience de l'unité avec toutes choses a établi Dieu dans le temple de sa perception intérieure infinie.

> Dans le temple du silence, dans le temple de la paix,
> Je Te rencontrerai, je Te toucherai, je T'aimerai !
> Et T'amènerai à mon autel de paix.

Dans le temple du *samadhi,* dans le temple de la joie,
Je Te rencontrerai, je Te toucherai, je T'aimerai !
Et T'amènerai à mon autel de joie[1].

Lorsque les pensées agitées ont été chassées, l'esprit se transforme automatiquement en un temple sacré de paix. Dieu S'insinue dans le temple du silence et ensuite dans le temple de la paix. Le fidèle Le rencontre d'abord sous forme de paix provenant de l'état mental dans lequel toutes les pensées ont été transformées en purs sentiments intuitifs. Il touche le Seigneur avec l'amour de son cœur et Le ressent sous forme de joie ; son amour pur incite Dieu à Se manifester sur l'autel de la perception de la paix. Le fidèle qui progresse ressent Dieu non seulement en méditation, mais Le garde toujours sur l'autel de paix de son cœur.

Dans le temple du *samadhi,* ou l'unité avec la paix qui est la première manifestation de Dieu dans la méditation, le fidèle découvre un état de félicité toujours nouvelle, une joie qui ne perd jamais de sa fraîcheur. La félicité est un état beaucoup plus profond que la paix. De la même façon qu'une personne muette buvant du nectar l'absorbe sans pouvoir en décrire la saveur exquise, le ravissement produit par la béatitude que l'on ressent dans le temple du *samadhi* émeut celui qui en fait l'expérience au point qu'il ne peut proférer une seule parole. Seule cette joie peut satisfaire le désir profond du cœur humain. En méditant avec patience et persévérance, jour après jour, année après année, le fidèle demande avec amour à son Seigneur : « Viens à moi sous forme de joie dans l'unité du *samadhi,* et demeure à jamais en mon cœur sur l'autel de la béatitude ! » Quand dans notre cœur, en harmonie avec le cœur de tous ceux qui aiment Dieu dans le temple intérieur du silence et de la béatitude, nous nous réjouissons dans la joie de notre unique Bien-Aimé, cette joie unifiée est un immense autel dédié à Dieu.

Il incombe à l'homme en tant qu'âme de pratiquer ce silence intérieur ; de trouver Dieu maintenant. Tout en utilisant ses sens pour répondre aux exigences de la vie quotidienne, le fidèle s'attache à cet état de conscience : « Je suis assis sur le trône de paix du silence intérieur. » Au milieu de ses activités, il demeure intérieurement recueilli : « Je suis

---

[1] Tiré des *Chants cosmiques* de Paramahansa Yogananda, publié par la Self-Realization Fellowship.

le dieu du silence assis sur le trône de chaque action. » Son équanimité n'est troublée par aucun sentiment rebelle : « Je suis le prince du silence siégeant sur le trône de l'équilibre intérieur. » Son Soi intérieur, un avec l'éternité, se réjouit ainsi dans la vie et dans la mort : « Je suis le roi de l'immortalité régnant sur le trône du silence. La destruction du corps, les affronts faits à l'âme par l'illusion, le diktat de l'agitation et les épreuves de la vie ne sont que des drames dans lesquels je joue et auxquels j'assiste comme à un spectacle divin sensé me divertir. Je peux jouer ainsi pour un petit moment, mais toujours, depuis le refuge de mon silence intérieur, je contemple le déroulement du scénario de la vie avec la calme joie de l'immortalité. »

Si, à travers la pratique de la méditation, nous continuons à frapper à la porte du silence, Dieu nous répondra : « Entre. Je te l'ai murmuré à

Le « Yoga » des saints chrétiens

Paramahansa Yogananda a écrit : « Croire au Saint-Esprit est une chose ; entrer réellement en contact avec Lui en est une autre ! Dans les siècles passés, de grands saints tels que François d'Assise et Thérèse d'Avila connaissaient l'art de communier avec le Saint-Esprit, la Conscience christique et la Conscience cosmique – la triple Unité – grâce à la profonde intensité de leur pure dévotion. »

Dans ses œuvres maîtresses *Le chemin de la perfection* et *Le château intérieur*, la célèbre mystique sainte Thérèse d'Avila donne une description méthodique, issue de sa propre expérience personnelle, des états d'intériorisation qui mènent à la communion avec Dieu. Ceux-ci, en essence, correspondent exactement à l'échelle de progression des états supérieurs de conscience décrits dans le Yoga, la science spirituelle séculaire et universelle de l'Inde.

Le mystique illuminé saint Jean de la Croix (contemporain et soutien de Thérèse d'Avila) parle de ses propres expériences de Dieu en tant que Saint-Esprit dans les strophes 14 et 15 de son sublime *Cantique spirituel*. Dans son explication du symbolisme, saint Jean décrit les « torrents rugissants » comme : « une voix et un son spirituels surpassant tous les autres sons et toutes les autres voix du monde. [...]

« Cette voix, ou ce murmure des eaux, est un débordement si abondant qu'il remplit l'âme de bien, et une puissance si grande saisit cette voix qu'elle ressemble non seulement au son de grandes eaux, mais aussi au fracas d'un roulement de

travers tous les aspects de la nature, et Je te le dis à présent : Je suis la Joie, la Fontaine vivante de Joie. Baigne-toi dans Mes eaux – lave-toi de tes habitudes, purifie-toi de tes peurs. J'ai fait un rêve magnifique pour toi ; mais, toi, Mon enfant, tu en as fait un cauchemar. » Dieu veut que Ses enfants ne soient plus des fils prodigues, mais qu'ils jouent leur rôle dans la vie en tant qu'êtres immortels, pour qu'en quittant la scène de cette terre ils puissent dire : « Père, c'était un beau spectacle, mais à présent je suis prêt à rentrer à la Maison. »

C'est un péché contre la nature divine du Soi de penser qu'il n'y a aucune chance d'être heureux ou d'abandonner tout espoir d'atteindre la paix – ces pensées doivent être considérées comme des erreurs psychologiques nées de l'intrusion de Satan dans l'esprit humain. La paix et le bonheur infinis sont toujours à portée de main, juste derrière le voile de

tonnerre. Cependant, cette voix est une voix spirituelle, dépourvue de sons matériels ou des souffrances et des tourments venant de ceux-ci ; cette voix est plutôt remplie de majesté, de puissance, de force, d'enchantement et de gloire : elle est, pour ainsi dire, une voix, un son intérieur infini, qui confère à l'âme force et puissance. Les Apôtres entendirent en esprit cette voix lorsque le Saint-Esprit descendit sur eux dans un bruit "comme celui d'un vent impétueux", ainsi que nous le lisons dans les Actes des Apôtres. » [...]

Dans son livre, *Mysticism* (1ère partie, ch. 4), Evelyn Underhill observe : « L'un des nombreux témoignages indirects de la réalité objective du mysticisme est le fait que les étapes de cette voie, la psychologie de l'ascension spirituelle, telles qu'elles nous sont décrites par différentes écoles de contemplation, présentent toujours en pratique la même succession d'états. L'"école des saints" n'a jamais jugé nécessaire de mettre à jour son programme d'enseignement.

« Le psychologue a peu de difficultés, par exemple, à réconcilier les "Degrés de l'oraison" décrits par sainte Thérèse – le Recueillement, la Quiétude, l'Union, l'Extase, le Ravissement, la "Douleur de Dieu" et le Mariage spirituel de l'âme – avec les quatre formes de contemplation énumérées par Hugues de Saint-Victor ou les "Sept Étapes" de l'ascension de l'âme vers Dieu du soufi, qui commencent dans l'adoration et se terminent dans le mariage spirituel. Bien que chaque voyageur puisse choisir différents points de repère, il est clair, en les comparant, que la voie est une. » *(Note de l'éditeur)*

l'ignorance humaine. Comment pourrait-il être possible d'interdire pour toujours à quiconque l'accès au royaume de Dieu, alors que ce royaume divin est justement en nous-mêmes ? Tout ce que nous avons à faire, c'est nous détourner des ténèbres du mal et suivre la lumière du bien.

Le bonheur est aussi proche de nous que l'est notre propre Soi ; ce n'est même pas une question de l'atteindre, mais seulement de soulever le voile de l'ignorance qui enveloppe notre âme. Le mot même d'« atteindre » implique quelque chose que l'on veut mais que l'on n'a pas ; penser ainsi est une erreur métaphysique. La félicité est le droit de naissance divin irrévocable de toute âme. Déchirez ce voile intrusif de l'ignorance, et à l'instant même s'établit le contact avec ce bonheur suprême. L'Esprit est bonheur. L'âme est le pur reflet de l'Esprit. L'homme qui est encore lié au corps ne parvient pas à percevoir ceci parce que sa conscience est altérée : le lac de son esprit est constamment agité par l'incursion de pensées et d'émotions. La méditation calme les vagues des sentiments (*chitta*) pour que le reflet de Dieu en tant qu'âme joyeuse se reflète clairement à l'intérieur de nous.

La plupart des débutants sur le chemin du royaume intérieur de Dieu voient leur méditation prise dans le piège de l'agitation. Il s'agit là de l'antre de Satan. Le fidèle doit s'en échapper en persévérant dans la pratique du yoga et de la dévotion. « À chaque fois que l'esprit inconstant et agité s'égare – quelle qu'en soit la raison – que le yogi le retire de ces distractions et le ramène au seul contrôle du Soi. [...] Sans nul doute, l'esprit est agité et difficile à réfréner ; mais par la pratique du yoga et par la maîtrise des passions, ô Arjuna, l'esprit peut néanmoins être contrôlé. Voici Mes paroles : Le yoga est difficile à accomplir par l'homme qui ne parvient pas à se dominer ; mais celui qui a la maîtrise de lui-même pourra y parvenir grâce aux méthodes et aux efforts adéquats. »

L'habitude de se trouver intérieurement dans la calme présence de Dieu doit être développée, de manière à ce que, jour et nuit, cet état de conscience demeure ferme. Cela vaut la peine d'en faire l'effort ; car vivre dans la conscience de Dieu, c'est ne plus être esclave de la maladie, de la souffrance ou de la peur. Soyez avec Dieu ; c'est là le summum de la vie. Si vous prenez la résolution de ne jamais vous endormir le soir sans avoir d'abord médité et ressenti la Présence de Dieu, votre vie sera comblée d'un bonheur qui dépasse toute attente. Les efforts sont nécessaires, mais les efforts du fidèle feront de lui un roi sur le trône du royaume de la paix et de la joie. Lorsque l'homme passe son temps à rechercher des choses matérielles superflues, il gaspille de précieuses occasions de connaître Dieu. Je vous dis cela du fond du cœur : Béni est celui qui prend la décision de ne jamais connaître de repos jusqu'à ce qu'il ait trouvé Dieu.

Un état permanent de bonheur intérieur, non conditionné par une quelconque influence extérieure, constitue une preuve évidente de la réponse de Dieu. Ce n'est qu'en méditant avec régularité et avec une concentration et une dévotion intenses que nous pouvons atteindre des états de plus en plus élevés de communion avec Dieu. Chaque jour, votre méditation doit être plus profonde que celle de la veille. Le fidèle qui fait de la quête divine sa priorité suprême trouvera dans le royaume de Dieu la sécurité éternelle ; aucune épreuve ni affliction, avec les perturbations qui l'accompagnent, ne réussira à franchir le seuil de son sanctuaire de silence, dans lequel rien ne peut être admis excepté ce Dieu, Père et Mère, aimant et bienheureux.

Celui qui trouve en lui ce « refuge du Très-Haut » baigne dans le bonheur suprême et la sécurité divine [1]. Qu'il soit en compagnie de ses amis, en train de dormir ou de travailler, il garde ce refuge pour Dieu seul. Avec sa conscience centrée sur le Seigneur, il voit les voiles concentriques de *maya* se lever brusquement ; c'est avec joie que le fidèle voit alors Dieu jouer à cache-cache avec lui parmi les fleurs, qu'il voit les étoiles briller d'une Lumière plus intense et le ciel sourire avec l'Infini. Lorsque ses yeux se sont ouverts à l'Esprit, le fidèle aperçoit les yeux de l'Infini le scrutant à travers les yeux de tous. Derrière la voix aimable ou peu aimable de tout un chacun, il entend la voix de vérité de l'Infini. Derrière

---

[1] « Celui qui demeure sous l'abri du Très-Haut repose à l'ombre du Tout-Puissant. Je dis à l'Éternel : Mon refuge et ma forteresse, mon Dieu en qui je me confie ! [...]

« Aucun malheur ne t'arrivera, aucun fléau n'approchera de ta tente. Car Il ordonnera à Ses anges de te garder dans toutes tes voies ; ils te porteront sur les mains, de peur que ton pied ne heurte contre une pierre. [...]

« Puisqu'il M'aime, Je le délivrerai ;

« Je le protégerai, puisqu'il connaît Mon nom. Il M'invoquera, et Je lui répondrai ; Je serai avec lui dans la détresse, Je le délivrerai et Je le glorifierai. Je le rassasierai de longs jours, et je lui ferai voir Mon salut » (Psaumes 91, 1-16).

la volonté sage ou déraisonnable de chacun, il perçoit la constance de la volonté de Dieu. Derrière tous les amours humains, il ressent l'amour suprême de Dieu. Quelle merveilleuse existence lorsque tous les déguisements derrière lesquels Dieu Se cache sont ôtés et que le fidèle se trouve face à face avec l'Infini, dans l'unité béatifique de la communion divine !

Soyez continuellement ivre du Divin tandis que la vague de votre conscience est à jamais au repos au sein de la Mer éternelle. Lorsqu'on s'agite dans l'eau, on a peu conscience de l'océan lui-même, on ressent surtout la lutte avec l'eau. Mais lorsqu'on se laisse aller et qu'on se détend, le corps flotte et ressent en flottant toute la mer clapoter autour de lui. C'est ainsi que le fidèle, immergé dans le calme, ressent la présence de Dieu : tout l'univers du Bonheur divin se balance doucement sous sa conscience.

Le royaume de Dieu est en vous ; *Dieu* est en vous. Il est juste derrière vos perceptions, juste derrière vos pensées, juste derrière vos sentiments. Chaque grain de nourriture que vous mangez, chaque respiration que vous prenez, c'est Dieu. Vous ne vivez pas de nourriture ou d'oxygène, mais de la Parole cosmique de Dieu. Toutes les facultés que vous utilisez pour penser et agir sont empruntées à Dieu. Pensez à Lui tout le temps : avant d'agir, pendant que vous êtes engagés dans l'activité et après celle-ci. En accomplissant votre devoir envers votre prochain, souvenez-vous avant tout de votre devoir envers Dieu, car sans les pouvoirs qu'Il nous délègue aucun devoir n'est possible. Sentez Sa présence derrière vos sens de la vue, de l'ouïe, de l'odorat, du goût et du toucher. Sentez Son énergie dans vos bras, dans vos jambes et dans vos pieds. Ressentez-Le comme la vie dans chaque expire et chaque inspire. Ressentez Sa puissance dans votre volonté ; Sa sagesse dans votre cerveau ; Son amour dans votre cœur. Partout où la présence de Dieu est ressentie consciemment, l'ignorance mortelle se dissipe.

Ceux qui font preuve de sagesse n'oublient jamais de tenir leur engagement quotidien avec Dieu dans la méditation. Ils font de la communion avec Lui le but suprême et ardent de leur existence. Tous ceux qui persistent avec cette sincérité entreront dans le royaume de Dieu dans cette vie ; et résider dans ce royaume, c'est être éternellement libre.

« *Demandez, et l'on vous donnera ; cherchez, et vous trou-verez ; frappez, et l'on vous ouvrira.*

« *Car quiconque demande reçoit, celui qui cherche trouve, et l'on ouvre à celui qui frappe* » (Matthieu 7, 7-8).

Pour une étude plus approfondie de l'enseignement
authentique de Jésus...

The Second Coming of Christ

The Resurrection of the Christ Within You [1]

de Paramahansa Yogananda

Dans ce commentaire révélé sur l'authentique enseignement de Jésus, Paramahansa Yogananda emmène le lecteur dans un voyage profondément enrichissant à travers l'intégralité des quatre Évangiles. Verset après verset, il éclaire la voie universelle qui conduit à l'union avec Dieu, enseignée par Jésus à ses proches disciples, mais qui, au cours des siècles, a été déformée par des interprétations erronées.

En plus des sujets abordés dans *Le Yoga de Jésus*, cet ouvrage exhaustif en deux volumes traite en profondeur des thèmes suivants:

* ❖ Le souhait de Jésus de restituer au monde son enseignement authentique
* ❖ Les techniques utilisées par Jésus pour accomplir des guérisons divines
* ❖ L'application pratique des nombreuses paraboles de Jésus
* ❖ « La croyance en son nom » : communion avec la sainte Vibration cosmique
* ❖ Le « paradis » et l'« enfer » expérimentés dans l'état qui suit la mort
* ❖ Que sont le « jugement dernier » et la « trompette de Gabriel » ?
* ❖ « Tes péchés sont pardonnés » : éliminer le karma des mauvaises actions du passé
* ❖ Les idéaux de Jésus pour un mariage spirituel harmonieux
* ❖ La véritable signification des paroles de Jésus sur « la fin du monde »
* ❖ Marthe et Marie : équilibrer les devoirs matériels et la communion divine
* ❖ Utiliser la foi pour résoudre de petites difficultés comme pour « déplacer des montagnes »
* ❖ Comment Jésus ressuscita son corps physique et atteignit l'immortalité

Existe en livre relié (avec 15 illustrations couleurs et 17 illustrations sépia à deux tons) et en livre broché.

Disponible auprès de la Self-Realization Fellowship ou en librairie.

---

[1] *(Le second avènement du Christ – La résurrection du Christ en vous)*, publié en anglais par la Self-Realization Fellowship.

SUR L'AUTEUR

« La vie de Paramahansa Yogananda est une parfaite expression de l'idéal de l'amour pour Dieu et du dévouement à l'humanité. […] Bien qu'il ait passé la plus grande partie de sa vie en dehors de l'Inde, son pays natal, il a sa place parmi nos plus grands saints. Son œuvre continue à grandir et à rayonner toujours davantage, attirant des pèlerins spirituels de tous les horizons sur le chemin de la connaissance de l'Esprit. »

(Extrait d'un hommage rendu par le gouvernement de l'Inde à Paramahansa Yogananda lors de l'émission d'un timbre commémoratif en l'honneur du vingt-cinquième anniversaire de sa mort.)

Né en Inde le 5 janvier 1893, Paramahansa Yogananda se consacra toute sa vie à aider les personnes de toutes races et de toutes croyances à réaliser et à exprimer pleinement dans leurs vies la beauté, la noblesse et la divinité véritable de l'être humain.

Après avoir été titulaire, en 1915, d'un diplôme de l'Université de Calcutta, Sri Yogananda prit solennellement ses vœux de moine dans le vénérable Ordre monastique des Swamis de l'Inde. Deux ans plus tard, il entreprit l'œuvre de sa vie en fondant une école d'art de vivre – institution qui compte maintenant vingt-deux établissements dans toute l'Inde. Aux matières académiques traditionnelles, ces écoles associent un entraînement au yoga et un enseignement des idéaux spirituels. En 1920, il fut invité en tant que délégué de l'Inde au Congrès international des religions libérales à Boston. Le discours qu'il fit à ce Congrès fut accueilli avec enthousiasme, tout comme le furent les conférences qu'il donna par la suite sur la côte Est des États-Unis. En 1924, il entreprit une tournée de conférences sur tout le continent américain.

Pendant les trois décennies suivantes, Paramahansa Yogananda contribua grandement à susciter en Occident un vif intérêt pour la sagesse spirituelle de l'Inde. Il établit à Los Angeles le siège international de la Self-Realization Fellowship[1], l'organisation religieuse non sectaire qu'il

---

[1] Littéralement: «Association de la réalisation du Soi.» Paramahansa Yogananda expliqua que le nom *Self-Realization Fellowship* signifiait «communion avec Dieu à travers la réalisation du Soi et amitié avec tous ceux qui cherchent la Vérité».

avait fondée en 1920. Grâce à ses écrits, à ses longues tournées de conférences et à la création de nombreux temples et centres de méditation de la Self-Realization Fellowship, il fit connaître à des milliers de personnes en quête de vérité l'ancestrale science et philosophie du yoga et ses méthodes de méditation d'application universelle.

De nos jours, l'œuvre spirituelle et humanitaire entreprise par Paramahansa Yogananda se poursuit sous la direction de Frère Chidananda, président de la Self-Realization Fellowship/Yogoda Satsanga Society of India. C'est sous l'égide de cette organisation que sont publiés les écrits, les conférences et les propos informels de Paramahansa Yogananda (dont une série complète de Leçons par correspondance). La Self-Realization Fellowship se charge également de superviser ses temples, retraites et centres de méditation dans le monde entier, ainsi que les communautés monastiques de l'Ordre de la Self-Realization et le Cercle de Prière mondial.

Dans un article sur la vie et l'œuvre de Sri Yogananda, Quincy Howe Jr., ancien professeur de langues mortes au Scripps College, écrivit : « De l'Inde, Paramahansa Yogananda apporta à l'Occident non seulement la promesse pérenne que Dieu peut être réalisé, mais également une méthode pratique permettant aux aspirants spirituels de tous les horizons de progresser rapidement vers ce but. Compris d'abord en Occident sous ses aspects les plus abstraits et les plus élevés, l'héritage spirituel de l'Inde est désormais accessible en tant que pratique et expérience à tous ceux qui aspirent à connaître Dieu non pas dans l'au-delà, mais déjà ici-bas. [...] Yogananda a mis à la portée de tous les voies de contemplation les plus élevées. »

La vie et les enseignements de Paramahansa Yogananda sont décrits dans son *Autobiographie d'un yogi* (voir page 136). Un film-documentaire sur sa vie et son œuvre ayant remporté plusieurs prix, *AWAKE: The Life of Yogananda*, est sorti en octobre 2014.

PARAMAHANSA YOGANANDA UN YOGI DANS LA VIE ET DANS LA MORT

Paramahansa Yogananda entra en *mahasamadhi* (état où le yogi quitte consciemment et définitivement son corps physique) à Los Angeles en Californie, le 7 mars 1952, à l'issue du discours qu'il prononça lors d'un banquet donné en l'honneur de M. Binay R. Sen, ambassadeur de l'Inde.

Ce grand enseignant de l'humanité démontra ainsi la valeur du yoga (ensemble de techniques scientifiques utilisées pour atteindre la réalisation de Dieu) non seulement dans sa vie, mais aussi dans sa mort. Plusieurs semaines après son décès, son visage inchangé resplendissait de la lumière divine de l'incorruptibilité.

M. Harry T. Rowe, directeur de Forest Lawn Memorial-Park, cimetière de Los Angeles où le corps du grand yogi repose temporairement, envoya à la Self-Realization Fellowship une lettre notariée dont est tiré ce qui suit :

« L'absence de tout signe visible de décomposition du corps de Paramahansa Yogananda offre le cas le plus extraordinaire qu'il nous ait été donné d'observer. [...] Même vingt jours après son décès, son corps ne présentait aucune détérioration physique. [...] Aucune trace d'altération n'était visible sur sa peau, aucune dessiccation (déshydratation) ne s'était produite dans les tissus de son corps. Cet état de parfaite conservation d'un corps est, pour autant que nous le sachions, unique dans les annales mortuaires. [...] Lorsque le corps de Yogananda est arrivé au dépôt mortuaire de Forest Lawn, notre personnel s'attendait à voir, par la vitre du cercueil, les signes habituels de décomposition progressive du corps. Notre étonnement grandissait au fur et à mesure que les jours passaient sans que nous puissions observer aucun changement visible de son corps. Selon toute apparence, le corps de Yogananda présentait un cas phénoménal d'immuabilité. [...]

« Aucune odeur de décomposition n'a jamais émané, à aucun moment, de son corps. [...] L'apparence physique de Yogananda à la date du 27 mars, juste avant que le couvercle de bronze du cercueil ne soit mis en place, était la même que celle qu'il avait le 7 mars. Le 27 mars, son aspect était aussi frais et inaltéré qu'au soir de son décès. Le 27 mars, rien ne permettait de dire que son corps aurait souffert la moindre décomposition physique apparente. Pour ces raisons, nous répétons que le cas de Paramahansa Yogananda est tout à fait unique dans toute notre expérience. »

RESSOURCES SUPPLÉMENTAIRES SUR LES TECHNIQUES DE KRIYA YOGA ENSEIGNÉES PAR PARAMAHANSA YOGANANDA

La Self-Realization Fellowship se consacre à aider gratuitement les chercheurs de vérité du monde entier. Pour obtenir des informations sur nos cycles de conférences publiques et de cours donnés chaque année, sur les méditations et les services spirituels qui ont lieu dans nos temples et nos centres à travers le monde, ainsi que sur les programmes des retraites et nos autres activités, nous vous invitons à consulter notre site Internet ou à contacter notre siège international :

www.yogananda.org

Self-Realization Fellowship
3880 San Rafael Avenue
Los Angeles, CA 90065-3219, U.S.A.
Tél. : +1(323) 225-2471

LES LEÇONS DE LA
SELF-REALIZATION FELLOWSHIP

Les conseils personnels et les instructions de Paramahansa Yogananda sur les techniques de méditation yoguique et sur les principes d'une vie spirituelle

Si vous vous sentez attiré(e) par les vérités spirituelles décrites dans *Le Yoga de Jésus*, nous vous invitons à vous inscrire aux *Leçons de la Self-Realization Fellowship*.

Paramahansa Yogananda est l'initiateur de ces séries de *Leçons* par correspondance afin de donner à tous ceux qui font une recherche spirituelle sincère l'opportunité d'apprendre et de pratiquer les techniques ancestrales de méditation du yoga qu'il apporta en Occident, y compris la science du *Kriya Yoga*. Les *Leçons* offrent également ses conseils pratiques pour atteindre un bien-être équilibré aussi bien du point de vue physique que mental et spirituel.

Les *Leçons de la Self-Realization Fellowship* sont disponibles pour une somme modique (destinée à couvrir les frais d'impression et d'envoi). Tous les étudiants peuvent aussi recevoir gracieusement des conseils personnels pour leur pratique spirituelle de la part des religieuses et des moines de la Self-Realization Fellowship.

Pour de plus amples renseignements...

Rendez-vous sur www.srflessons.org pour demander un dossier complet et gratuit d'informations sur les *Leçons*.

SELF-REALIZATION FELLOWSHIP

3880 San Rafael Avenue • Los Angeles, CA 90065-3219, U.S.A.

Tél.: + 1(323) 225-2471 • Fax: +1(323) 225-5088

www.yogananda.org

Du même auteur :

AUTOBIOGRAPHIE D'UN YOGI

de Paramahansa Yogananda

Cette œuvre autobiographique, unanimement acclamée, brosse le portrait fascinant d'une des plus grandes figures spirituelles de notre temps. Attachante par sa franchise et son pouvoir évocateur ainsi que par l'esprit de Paramahansa Yogananda, elle retrace l'histoire captivante de sa vie : les événements de son enfance hors du commun, ses rencontres avec nombre de saints et de sages lorsque, adolescent, il parcourait l'Inde à la recherche d'un maître ayant atteint l'illumination divine, ses dix années de formation spirituelle dans l'ermitage de son maître de yoga révéré et les trente années pendant lesquelles il vécut et enseigna en Amérique. Ce livre relate aussi ses entrevues avec le Mahatma Gandhi, Rabindranath Tagore, Luther Burbank, la catholique stigmatisée Thérèse Neumann et avec d'autres personnalités spirituelles célèbres d'Orient et d'Occident.

Autobiographie d'un yogi est non seulement le récit fort bien écrit d'une vie exceptionnelle, mais aussi une lumineuse introduction à l'ancestrale science du yoga et à sa pratique séculaire de la méditation. L'auteur y explique clairement les lois subtiles, mais précises, qui sous-tendent les événements ordinaires de la vie quotidienne ainsi que les évènements extraordinaires qu'on appelle communément « miracles ». L'histoire passionnante de sa vie campe ainsi le décor permettant au lecteur d'obtenir une vision profonde et inoubliable des mystères essentiels de l'existence humaine.

Considéré de nos jours comme un classique en matière de spiritualité, ce livre a été traduit en plus de cinquante langues et de nombreuses universités l'utilisent comme texte de base et ouvrage de référence. *Autobiographie d'un yogi* n'a cessé d'être un succès de librairie depuis sa parution, il y a plus de soixante-dix ans, et a su conquérir les cœurs de millions de lecteurs dans le monde entier.

« Un récit hors du commun. » LE NEW YORK TIMES

« Une étude fascinante et clairement commentée. » NEWSWEEK

« Rien de ce qui a jusqu'à présent été écrit en anglais ou en toute autre langue européenne ne surpasse cette présentation du yoga. » COLUMBIA UNIVERSITY PRESS

PUBLICATIONS DE LA
SELF-REALIZATION FELLOWSHIP

*Disponibles sur www.srfbooks.org
ou sur d'autres sites de librairies en ligne*

Livres traduits en français

Autobiographie d'un yogi
Affirmations scientifiques de guérison
Ainsi parlait Paramahansa Yogananda
À la Source de la Lumière
Comment converser avec Dieu
Dans le sanctuaire de l'âme
Journal spirituel
La loi du succès
La paix intérieure
La quête éternelle de l'homme
La science de la religion
Méditations métaphysiques
Pourquoi Dieu permet le mal et comment le surmonter
Vivre en vainqueur
Vivre sans peur
La Science sacrée
Rien que l'Amour
Relation entre guru et disciple
Vers la quiétude du cœur

Livres de Paramahansa Yogananda en anglais

Autobiography of a Yogi
God Talks With Arjuna: The Bhagavad Gita.
Une nouvelle traduction de la Bhagavad Gita et un nouveau commentaire.
The Second Coming of Christ:
The Resurrection of the Christ Within You.
Un commentaire des Évangiles révélant l'authentique enseignement
de Jésus.

The Yoga of the Bhagavad Gita
The Yoga of Jesus
The Collected Talks and Essays
Volume I: Man's Eternal Quest
Volume II: The Divine Romance
Volume III: Journey to Self-realization
Wine of the Mystic: The Rubaiyat of Omar Khayyam.
A Spiritual Interpretation
Songs of the Soul
Whispers from Eternity
Scientific Healing Affirmations
In the Sanctuary of the Soul: A Guide to Effective Prayer
The Science of Religion
Metaphysical Meditations
Where There Is Light.
Insight and Inspiration for Meeting Life's Challenges
Sayings of Paramahansa Yogananda
Inner Peace: How to Be Calmly Active and Actively Calm
Living Fearlessly: Bringing Out Your Inner Soul Strength
The Law of Success
How You Can Talk With God
Why God Permits Evil and How to Rise Above It
To Be Victorious in Life
Cosmic Chants

Enregistrements audio de Paramahansa Yogananda

Beholding the One in All
The Great Light of God
Songs of My Heart
To Make Heaven on Earth
Removing All Sorrow and Suffering
Follow the Path of Christ, Krishna, and the Masters
Awake in the Cosmic Dream
Be a Smile Millionaire
One Life Versus Reincarnation
In the Glory of the Spirit
Self-Realization: The Inner and the Outer Path

Autres publications de la Self-Realization Fellowship

The Holy Science de Swami Sri Yukteswar
Only Love: Living the Spiritual Life in a Changing World de Sri Daya Mata
Finding the Joy Within You: Personal Counsel for God-Centered Living de Sri Daya Mata
Intuition: Soul Guidance for Life's Decisions de Sri Daya Mata
God Alone: The Life and Letters of a Saint de Sri Gyanamata
"Mejda": The Family and the Early Life of Paramahansa Yogananda de Sananda Lal Ghosh
Self-Realization (revue trimestrielle fondée par Paramahansa Yogananda en 1925)

DVD Vidéo

AWAKE: The Life of Yogananda
Un film de CounterPoint Films

Un catalogue complet de livres et d'enregistrements audio et vidéo, dont de rares enregistrements d'archives de Paramahansa Yogananda, est disponible sur www.srfbooks.org.

Dossier gratuit d'introduction aux Leçons SRF

Les techniques scientifiques de méditation enseignées par Paramahansa Yogananda, y compris le Kriya Yoga – tout comme ses instructions sur les différents aspects d'une vie spirituelle équilibrée – sont exposées dans les *Leçons de la Self-Realization Fellowship*. Rendez-vous sur www.srflessons.org pour demander un dossier complet et gratuit d'informations sur les Leçons.

Self-Realization Fellowship
3880 San Rafael Avenue • Los Angeles, CA 90065-3219
Tél: +1(323) 225-2471 • Fax: +1(323) 225-5088
www.yogananda.org

BUTS ET IDÉAUX
DE LA
SELF-REALIZATION FELLOWSHIP

Tels que définis par le fondateur, Paramahansa Yogananda
Président : Frère Chidananda

Répandre parmi toutes les nations la connaissance de techniques scientifiques définies permettant de faire l'expérience personnelle et directe de Dieu.

Enseigner que le but de la vie est de faire évoluer, par l'effort personnel, la conscience mortelle et limitée de l'homme jusqu'à lui faire atteindre la Conscience de Dieu ; et, à cette fin, établir dans le monde entier des temples de la Self-Realization Fellowship pour communier avec Dieu et aussi encourager l'établissement de temples de Dieu individuels dans le foyer et dans le cœur de chaque homme.

Révéler l'harmonie complète et l'unité fondamentale existant entre le Christianisme originel, tel que Jésus-Christ l'a enseigné, et le yoga originel, tel que Bhagavan Krishna l'a enseigné ; et montrer que les principes de vérité qu'ils contiennent constituent le fondement scientifique commun à toutes les vraies religions.

Indiquer la voie divine universelle où tous les sentiers des croyances religieuses véritables finissent par aboutir : la voie de la méditation quotidienne, scientifique et fervente sur Dieu.

Affranchir l'homme de sa triple souffrance : maladies physiques, discordances mentales et ignorance spirituelle.

Favoriser « une vie simple doublée d'un idéal élevé » et répandre parmi tous les peuples un esprit de fraternité en leur enseignant le fondement éternel de leur unité : leur parenté avec Dieu.

Démontrer la supériorité de l'esprit sur le corps et de l'âme sur l'esprit.

Triompher du mal par le bien, de la peine par la joie, de la cruauté par la bonté et de l'ignorance par la sagesse.

Unir science et religion en réalisant l'unité de leurs principes fondamentaux.

Favoriser la compréhension spirituelle et culturelle entre l'Orient et l'Occident ainsi que l'échange de leurs qualités respectives les plus nobles.

Servir l'humanité comme son propre Soi universel.

GLOSSAIRE

âme. Esprit individualisé. L'âme est la nature véritable et immortelle de l'être humain ainsi que de toutes les formes de vie ; elle n'est enfermée que passagèrement dans ces différents revêtements que sont les corps causal, astral et physique. La nature de l'âme est Esprit ou Félicité toujours existante, toujours consciente et toujours nouvelle.

Arjuna. Le disciple exalté auquel Bhagavan Krishna transmit le message immortel de la Bhagavad Gita *(voir ce terme)* ; un des cinq princes Pandava dans la grande épopée hindoue, le *Mahabharata*, dans lequel il fut un personnage-clé.

Aum (Om). Mot-racine sanskrit, ou son primordial, symbolisant l'aspect du Divin qui crée et maintient toutes choses ; c'est la Vibration cosmique. L'*Aum* des Védas devint le mot sacré *Hum* des Tibétains, l'*Amin* des musulmans et l'*Amen* des Égyptiens, des Grecs, des Romains, des juifs et des chrétiens. Les grandes religions du monde déclarent que toutes les choses créées ont leur origine dans l'énergie vibratoire cosmique de l'*Aum* ou Amen, la Parole ou Saint-Esprit. « Au commencement était la Parole, et la Parole était avec Dieu, et la Parole était Dieu. [...] Toutes choses ont été faites par elle [la Parole, ou *Aum*], et rien de ce qui a été fait n'a été fait sans elle » (Jean 1, 1-3).

Amen en hébreu signifie *sûr, fidèle.* « Voici ce que dit l'Amen, le témoin fidèle et véritable, le commencement de la création de Dieu » (Apocalypse 3, 14). Tout comme un son est produit par la vibration d'un moteur en marche, le son omniprésent de *Aum* témoigne fidèlement du fonctionnement du « Moteur cosmique » qui maintient toute vie et toute particule de la création grâce à l'énergie vibratoire. Dans les *Leçons de la Self-Realization Fellowship (voir ce terme),* Paramahansa Yogananda enseigne des techniques de méditation dont la pratique mène à l'expérience directe de Dieu en tant que *Aum* ou Saint-Esprit. Cette bienheureuse communion avec le Pouvoir divin invisible (« le Consolateur, le Saint-Esprit » – Jean 14, 26) est le fondement véritablement scientifique de la prière.

avatar. Incarnation divine ; issu du sanskrit *avatara*, dont les racines sont *ava* : « en bas » et *tri* : « passer ». On appelle « avatar » celui qui parvient à s'unir à l'Esprit et qui retourne ensuite sur terre pour aider l'humanité.

avidya. Littéralement « non connaissance », méconnaissance ou ignorance ; résultat en l'homme de la manifestation de *maya*, l'illusion cosmique *(voir ce terme)*. Le terme *avidya* désigne avant tout l'ignorance de l'homme quant à sa nature divine et à la seule réalité qui est l'Esprit.

Babaji. Voir *Mahavatar Babaji.*

Bhagavad Gita. « Le Chant du Seigneur. » Écriture sacrée de l'Inde ancienne composée de dix-huit chapitres tirés du sixième livre (*Bhishma Parva*) du poème épique, le *Mahabharata*. Présentée sous forme de dialogue entre le Seigneur Krishna, qui est un avatar *(voir ce terme)*, et son disciple Arjuna à la veille de la bataille historique de Kurukshetra, la Gita traite en profondeur de la science du Yoga (union avec Dieu) et donne des préceptes intemporels pour atteindre le bonheur et le succès dans la vie quotidienne. La Gita est un poème allégorique aussi bien qu'historique et un traité spirituel sur la bataille intérieure existant entre les bonnes et les mauvaises tendances de l'homme. Selon le contexte, Krishna symbolise le guru, l'âme ou Dieu; Arjuna représente l'aspirant disciple. À propos de cette Écriture sacrée universelle, le Mahatma Gandhi écrivit: «Ceux qui méditeront sur la Gita en retireront une joie vive et de nouvelles significations tous les jours. Il n'y a pas un seul problème spirituel que la Gita ne puisse démêler.»

Les citations de la Bhagavad Gita qui se trouvent dans ce livre s'appuient sur la traduction anglaise que Paramahansa Yogananda fit lui-même dans son ouvrage: *God Talks With Arjuna: The Bhagavad Gita – Royal Science of God-Realization* (publié par la Self-Realization Fellowship).

Bhagavan Krishna. Un *avatar (voir ce terme)* qui vivait en tant que souverain en Inde bien des siècles avant l'ère chrétienne. Un des sens donnés au mot *Krishna* dans les Écritures de l'Inde est «Esprit omniscient». Ainsi *Krishna*, comme *Christ*, est un titre évoquant la grandeur spirituelle de l'avatar – son unité avec Dieu. Le titre *Bhagavan* signifie «Seigneur». Dans sa jeunesse, Krishna avait mené l'existence d'un gardien de vaches qui enchantait ses compagnons par le chant de sa flûte. Dans ce rôle, Krishna est souvent considéré comme représentant de manière allégorique l'âme jouant sur la flûte de la méditation pour ramener toutes les pensées égarées au bercail de l'omniscience.

Bhakti Yoga. L'approche spirituelle qui préconise l'amour envers Dieu sous sa forme de dévotion et d'abandon total comme principal moyen de communion et d'union avec Dieu. Voir *Yoga*.

biotrons. Voir *prana*.

Brahman (Brahma). Esprit absolu. En sanskrit, Brahman est parfois écrit *Brahma* (avec un *a* bref à la fin); mais la signification est la même que Brahman: Esprit, ou Dieu le Père, et non le concept restreint de «Brahma-le-Créateur», divinité personnifiée de la triade Brahma-Vishnou-Shiva, (qui s'écrit avec un *ā* long à la fin: *Brahmā*).

bulbe rachidien. Cette structure située à la base du cerveau (dans la partie supérieure de la moelle épinière) est le principal point d'entrée de la force vitale (*prana*) dans le corps. C'est le siège du sixième centre cérébro-rachidien, dont la fonction est de recevoir et de diriger le flux entrant d'énergie cosmique. La force vitale est stockée dans le septième centre (*sahasrara*) au sommet du cerveau. À partir de ce réservoir, elle est répartie à travers tout le corps. Le centre subtil du bulbe rachidien est le commutateur principal qui commande l'entrée, le stockage et la répartition de la force vitale.

centre christique. *Kutastha ou ajna chakra,* situé entre les sourcils, connecté directement par polarité avec le bulbe rachidien *(voir ce terme)* ; centre de la volonté, de la concentration et de la Conscience christique *(voir ce terme)* ; siège de l'œil spirituel *(voir ce terme).*

chakras. En yoga, les sept centres occultes de la vie et de la conscience, situés dans la colonne vertébrale et le cerveau, qui animent les corps physique et astral de l'homme. Ces centres sont appelés *chakras* (roues), parce que l'énergie concentrée en chacun d'eux est pareille à un moyeu à partir duquel rayonnent des rayons de lumière et d'énergie qui dispensent la vie. Dans l'ordre ascendant, ces *chakras* sont : *muladhara* (le chakra coccygien, à la base de la colonne vertébrale) ; *svadhisthana* (le chakra sacré, cinq centimètres au-dessus de *muladhara*) ; *manipura* (le chakra lombaire, en face du nombril) ; *anahata* (le chakra dorsal, en face du cœur) ; *vishuddha* (le chakra cervical, à la base de la nuque) ; *ajna* (traditionnellement localisé entre les sourcils ; en réalité, directement connecté par polarité avec le bulbe rachidien ; voir aussi *bulbe rachidien* et *œil spirituel*) ; enfin, *sahasrara* (situé au sommet du crâne).

Ces sept centres sont des portes de sorties divinement planifiées, des « portes-trappes » par lesquelles l'âme est descendue dans le corps et par lesquelles elle doit remonter au moyen du processus de la méditation. En sept étapes successives, l'âme s'échappe dans la Conscience cosmique. Dans sa remontée consciente à travers les sept centres cérébro-rachidiens ouverts ou « éveillés », l'âme voyage sur l'autoroute de l'Infini, le véritable chemin par lequel elle doit refaire son parcours en sens inverse pour se réunir avec Dieu.

Les traités de yoga ne considèrent généralement que les six centres inférieurs comme étant des *chakras, sahasrara* étant mentionné séparément comme un septième centre. Cependant, les sept centres sont souvent tous mentionnés comme des lotus, dont les pétales s'ouvrent ou se tournent vers le haut pendant l'éveil spirituel tandis que la vie et la conscience voyagent en direction ascendante dans la colonne vertébrale.

chitta. Sentiment intuitif ; l'agrégat de conscience qui contient *ahamkara* (l'égoïsme), *buddhi* (l'intelligence) et *manas* (le mental ou conscience déterminée par les sens).

Christ. Le titre honorifique de Jésus : Jésus le Christ. Ce terme désigne aussi l'Intelligence universelle de Dieu qui est immanente dans toute la création (laquelle est parfois appelée « Christ cosmique » ou « Christ infini »). Ce terme est aussi utilisé pour se référer aux grands maîtres qui ont atteint l'unité avec cette Conscience divine. (Le mot grec *Christos* signifie « oint », « consacré », de même que le mot hébreu *Messiah*.) Voir également *Conscience christique* et *Kutastha Chaitanya.*

conscience, états de. Le commun des mortels fait l'expérience de trois états de conscience : la conscience de veille, la conscience du sommeil et la conscience du rêve. Mais il ne fait pas l'expérience de son âme, la superconscience, et il ne fait pas l'expérience de Dieu. L'homme-Christ fait ces expériences. De la même façon que l'homme mortel a conscience de tout son corps, l'homme-Christ a conscience de tout l'univers qu'il ressent comme son corps. Au-delà de l'état de conscience christique se situe l'état de conscience cosmique, l'expérience de l'unité avec Dieu dans Sa conscience absolue au-delà de la création vibratoire ainsi qu'avec l'omniprésence du Seigneur manifestée dans les mondes phénoménaux.

Conscience christique. C'est la conscience de Dieu projetée dans toute la création et immanente en elle. Dans les Écritures chrétiennes, elle est appelée « le fils unique », l'unique pure reflet de Dieu le Père dans la création ; dans les Écritures hindoues, elle est appelée *Kutastha Chaitanya* ou *Tat*, la conscience universelle ou l'intelligence cosmique de l'Esprit présent partout dans la création. (Les termes « Conscience christique » et « Intelligence christique » sont synonymes, comme le sont « Christ cosmique » et « Christ infini ».) C'est la conscience universelle, l'unité avec Dieu manifestée par Jésus, Krishna et d'autres avatars. Les grands saints et les yogis la connaissent comme l'état de *samadhi (voir ce terme)* expérimenté dans la méditation, où la conscience s'identifie avec l'intelligence divine contenue dans chaque particule de la création ; ils ressentent alors l'univers entier comme étant leur propre corps. Voir *Trinité*.

Conscience cosmique. L'Absolu, l'Esprit transcendantal qui existe au-delà de la création ; Dieu le Père. C'est également, dans la méditation, l'état de *samadhi*, état de l'unité avec Dieu à la fois au-delà de la création vibratoire et en elle. Voir *Trinité*.

Conscience de Krishna. Conscience christique ; *Kutastha Chaitanya*. Voir *Conscience christique*.

corps astral. Le corps subtil ou pranique de l'homme, constitué de lumière, de *prana* ou biotrons ; la seconde des trois gaines qui enferment successivement l'âme : le corps causal *(voir ce terme),* le corps astral et le corps physique. Les pouvoirs du corps astral animent le corps physique d'une manière très similaire à celle dont l'électricité illumine une ampoule. Le corps astral comporte dix-neuf éléments : l'intelligence, l'ego, le sentiment, l'esprit (conscience sensorielle) ; les cinq instruments de la connaissance (les capacités sensorielles à l'intérieur des organes physiques de la vue, de l'ouïe, de l'odorat, du goût et du toucher) ; les cinq instruments de l'action (les capacités exécutives inhérentes aux instruments physiques que sont la procréation, l'excrétion, la parole, le mouvement et l'habileté manuelle) ; les cinq instruments de la force vitale qui exécutent les fonctions de la circulation, du métabolisme, de l'assimilation, de la cristallisation et de l'élimination.

corps causal. En tant qu'âme, l'homme est essentiellement un être encapsulé dans un corps causal. Son corps causal est la matrice idéelle de son corps astral et de son corps physique. Le corps causal est composé de 35 éléments-idées correspondant aux 19 éléments du corps astral *(voir ce terme)* et aux 16 éléments matériels fondamentaux du corps physique.

dharma. Principes éternels d'harmonie qui maintiennent toute la création ; le devoir inhérent à l'homme de vivre en accord avec ces principes. Voir aussi *Sanatana Dharma*.

disciple. Aspirant spirituel qui demande à un guru de lui faire connaître Dieu et qui noue dans ce but une relation spirituelle éternelle avec le guru. Au sens de la Self-Realization Fellowship *(voir ce terme),* la relation entre le guru et le disciple est établie par l'initiation (*diksha*) au *Kriya Yoga*. Voir aussi *guru* et *Kriya Yoga*.

égoïsme. Le principe de l'ego, *ahamkara* (litt. « je fais »), est la cause originelle de la dualité ou de l'apparente séparation entre l'homme et son Créateur. L'*ahamkara* conduit les êtres humains à se mettre sous l'emprise de *maya (voir ce terme)* qui fait que le sujet (l'ego) apparaît faussement comme objet ; les créatures s'imaginent être les créateurs. En bannissant la conscience de l'ego, l'homme s'éveille à son identité divine, à son unité avec la seule Vie qui soit : Dieu.

éléments (cinq). La Vibration cosmique ou *Aum* structure toute la création physique, y compris le corps physique de l'homme, à travers la manifestation des cinq *tattvas* (éléments) : la terre, l'eau, le feu, l'air et l'éther *(voir ce terme).* Ce sont les forces structurelles, intelligentes et vibratoires dans la nature. Sans l'élément terre, l'état solide de la matière n'existerait pas ; sans l'élément eau, pas d'état liquide ; sans l'élément air, pas d'état gazeux ; sans l'élément feu, pas de chaleur ; sans l'élément éther, pas d'arrière-plan sur lequel produire le spectacle du film cosmique. Dans le corps, le *prana* (l'énergie vibratoire cosmique) entre par le bulbe rachidien puis se divise en cinq courants élémentaires sous l'action des cinq centres ou *chakras* (*voir ce terme*) inférieurs : coccygien (terre), sacré (eau), lombaire (feu), dorsal (air) et cervical (éther). En sanskrit, les termes pour ces éléments sont : *prithivi, ap, tej, prana,* et *akasha.*

énergie cosmique. Voir *prana*.

esprit superconscient. Faculté d'omniscience de l'âme qui perçoit directement la vérité ; intuition.

éther. Le terme sanskrit *akasha*, traduit soit par « éther » soit par « espace » se réfère spécifiquement à l'élément vibratoire le plus subtil du monde matériel. (Voir éléments). Il dérive de *ā*, « vers », et de *kasha*, « être visible, apparaître ». *Akasha* est « la toile de fond » subtile sur laquelle tout objet de l'univers matériel devient perceptible. « L'espace donne la dimension aux objets ; l'éther sépare les images » disait Paramahansa Yogananda. « L'espace imprégné d'éther est la ligne de démarcation entre le ciel, ou le monde astral, et la terre, expliquait-il. Toutes les forces plus subtiles que Dieu a créées sont faites de lumière, ou formes-pensée, et sont simplement cachées derrière une vibration particulière qui se manifeste en tant qu'éther. »

force vitale. Voir *prana*.

guru. Enseignant spirituel. Bien que le mot *guru* soit souvent mal employé comme désignant simplement tout enseignant ou instructeur, un véritable guru doit être illuminé par Dieu. C'est celui qui, en parvenant à la maîtrise de soi-même, a réalisé son identité avec l'Esprit omniprésent. Celui-là seul est exceptionnellement qualifié pour conduire les hommes en quête spirituelle sur leur parcours intérieur vers la réalisation divine.

Quand un fidèle est prêt à chercher Dieu sérieusement, le Seigneur lui envoie un guru. Par la sagesse, l'intelligence, la réalisation du Soi et les enseignements d'un tel maître, Dieu guide le disciple. En suivant l'enseignement et la discipline du maître, le disciple se voit en mesure de combler la nostalgie de son âme. Dans l'expérience de la perception de Dieu, il découvre la vraie manne céleste. Un véritable guru, ordonné par Dieu pour aider les êtres sincères en réponse à l'ardent désir de leur âme, n'est pas un enseignant ordinaire : c'est un véhicule humain dont le corps, le discours, l'esprit et la spiritualité sont utilisés par Dieu comme un canal pour attirer et guider les âmes égarées vers leur patrie d'immortalité. Un guru est une incarnation vivante des vérités des Écritures. C'est un agent de salut nommé par Dieu en réponse aux instances d'un disciple demandant à être libéré des liens de la matière.

« Rester en compagnie du guru, écrivit Swami Sri Yukteswar dans *La Science sacrée*, ne consiste pas seulement à être en sa présence physique (ce qui est parfois impossible), mais veut dire avant tout le garder dans son cœur, s'accorder complètement avec ses principes et se mettre en accord parfait avec lui. » Voir *maître*.

Gurus de la Self-Realization Fellowship. Les Gurus de la Self-Realization Fellowship (Yogoda Satsanga Society of India) sont : Jésus-Christ, Bhagavan Krishna et une lignée de maîtres exaltés de l'époque moderne : Mahavatar Babaji, Lahiri Mahasaya, Swami Sri Yukteswar et Paramahansa Yogananda. Démontrer l'harmonie et l'unité essentielle existant entre l'enseignement de Jésus-Christ et les préceptes de yoga de Bhagavan Krishna fait partie intégrante de la mission spirituelle de la SRF. Ces gurus, véritables instruments de Dieu, participent par leurs enseignements sublimes à l'accomplissement de la mission de la Self-Realization Fellowship qui consiste à apporter à toute l'humanité une science spirituelle pratique de réalisation de Dieu.

La passation du flambeau spirituel d'un guru à un disciple destiné à poursuivre la lignée à laquelle ce guru appartient est appelée *guru parampara*. Ainsi, la lignée directe des gurus à laquelle appartient Paramahansa Yogananda est-elle constituée de Mahavatar Babaji, Lahiri Mahasaya et Swami Sri Yukteswar.

Avant de quitter ce monde, Paramahansaji déclara que c'était le vœu de Dieu qu'il soit le dernier de la lignée des Gurus de la Self-Realization Fellowship. Après lui, aucun disciple ou dirigeant de son organisation ne portera plus le titre de guru. « Lorsque je serai parti, disait-il, l'enseignement sera le guru. [...] À travers l'enseignement, vous serez en harmonie avec moi et les grand Gurus qui m'ont envoyé. »

En réponse aux questions qui lui étaient posées concernant ses successeurs à la présidence de la Self-Realization Fellowship/Yogoda Satsanga Society of India, Paramahansaji déclarait : « Il y aura toujours à la tête de cette organisation des hommes et des femmes ayant atteint la réalisation spirituelle. Dieu et les Gurus savent déjà qui ils sont. Ils serviront cette œuvre en tant que mes successeurs spirituels et mes représentants dans toutes les questions spirituelles et organisationnelles. »

homme. Paramahansa Yogananda emploie en anglais le mot « man » (homme) qui dérive de la même racine que le terme sanskrit « manas » signifiant « esprit », c'est-à-dire la faculté uniquement humaine de formuler une pensée rationnelle. La science du yoga aborde la conscience humaine du point de vue du Soi (*atman*) qui est androgyne par essence. L'utilisation du terme *homme* et des termes associés qui a été retenue dans ce livre ne repose donc pas sur le sens étroitement exclusif du mot *homme,* désignant uniquement la moitié de la race humaine, mais sur sa signification originelle plus large.

illusion cosmique. Voir *maya.*

intuition. Faculté d'omniscience de l'âme qui permet à l'homme de faire l'expérience de la perception directe de la vérité sans l'intermédiaire des sens.

Jnana Yoga. Voie de l'union avec Dieu par transmutation du pouvoir de discernement de l'intellect en sagesse omnisciente de l'âme.

karma. Effets des actions passées de cette vie ou des vies antérieures ; du sanskrit *kri* : « faire ». La loi équilibrante du karma, telle qu'elle est expliquée dans les Écritures hindoues, est la loi de l'action et de la réaction, de la cause et de l'effet, de l'action de semer et de récolter. Du fait de cette justice naturelle, les êtres humains deviennent, par leurs pensées et leurs actions, les artisans de leur propre destinée. Quelles que soient les énergies qu'ils ont mises eux-mêmes en action, avec sagesse ou imprudence, elles doivent retourner à leur point de départ, c'est-à-dire vers eux, tel un cercle se refermant inexorablement sur lui-même. La compréhension du karma comme étant une loi de justice aide à libérer l'esprit humain de toute rancune vis-à-vis de Dieu et des hommes. Le karma suit la personne d'une incarnation à l'autre, jusqu'à son accomplissement ou jusqu'à ce qu'il soit spirituellement transcendé. Voir *réincarnation.*

Les actions cumulatives des êtres humains à l'intérieur des communautés, des nations ou du monde en général constituent le karma collectif, qui produit des effets proches ou éloignés, selon le degré et la prépondérance du bien ou du mal. Les pensées et les actions de chaque être humain contribuent, par conséquent, au bonheur ou au malheur de ce monde et de ses habitants.

Karma Yoga. La voie qui conduit à Dieu par l'action désintéressée et le service. En pratiquant le service altruiste, en attribuant les fruits de ses propres actions à Dieu et en voyant Dieu comme le seul Artisan, le fidèle se libère de l'ego et connaît Dieu. Voir *Yoga.*

Krishna. Voir *Bhagavan Krishna.*

Kriya Yoga. Science spirituelle sacrée qui prit son origine en Inde il y a des millénaires. Elle inclut certaines techniques de méditation dont la pratique fervente conduit à la réalisation de Dieu. Paramahansa Yogananda expliqua que la racine sanskrite de *kriya* est *kri*, faire, agir et réagir ; on trouve la même racine dans le mot *karma*, le principe naturel de cause à effet. Le *Kriya Yoga* est donc « l'union (*yoga*) avec l'Infini au moyen d'une certaine action ou d'un certain rite (*kriya*) ». Le Kriya Yoga est célébré par Krishna dans la Bhagavad Gita et par Patanjali dans les *Yoga Sutras*. Réintroduit à notre époque par Mahavatar Babaji (*voir ce nom*), le Kriya Yoga est la *diksha* (initiation spirituelle) accordée par les gurus de la Self-Realization Fellowship. Depuis le *mahasamadhi (voir ce terme)* de Paramahansa Yogananda, la *diksha* est dispensée par ses représentants spirituels désignés, à savoir le président de la Self-Realization Fellowship/Yogoda Satsanga Society ou une personne nommée par le président. Pour être qualifiés à recevoir la *diksha*, les membres de la Self-Realization doivent remplir certaines conditions préliminaires sur le plan spirituel. Celui qui a reçu la *diksha* est un *Kriya yogi* ou *Kriyaban*. Voir aussi *guru* et *disciple.*

kundalini. Le puissant courant d'énergie vitale créative qui se trouve enroulé dans un subtil passage en spirale situé à la base de la colonne vertébrale. Dans l'état de conscience ordinaire de veille, la force vitale du corps s'écoule du cerveau vers le bas, dans la colonne vertébrale et vers l'extérieur à travers le passage en spirale de la *kundalini*, vivifiant le corps physique et reliant à la forme mortelle les corps astral et causal *(voir ces termes)* de même que l'âme qui y demeure. Dans les états supérieurs de conscience, qui peuvent être atteints grâce à la méditation, l'énergie de la *kundalini* est inversée et remonte le long de la colonne vertébrale, éveillant ainsi les facultés spirituelles dormantes dans les centres cérébro-spinaux (*chakras*). La *kundalini* est aussi appelée la « force serpent » à cause de sa configuration enroulée en spirale.

Kutastha Chaitanya. La Conscience christique *(voir ce terme)*. Le terme sanskrit *kutastha* signifie « ce qui reste inchangé » ; *chaitanya* signifie « conscience ».

Lahiri Mahasaya. *Lahiri* était le nom de famille de Shyama Charan Lahiri (1828-1895). *Mahasaya*, titre religieux sanskrit, signifie « large d'esprit ». Lahiri Mahasaya était un disciple de Mahavatar Babaji et le guru de Swami Sri Yukteswar (guru de Paramahansa Yogananda). Lahiri Mahasaya fut celui auquel Babaji révéla la science ancestrale du *Kriya Yoga (voir ce terme)*, qui était alors pratiquement tombée dans l'oubli. Celui qu'on appelait le *Yogavatar* (« Incarnation du yoga ») fut une figure majeure de la renaissance du yoga dans l'Inde moderne ; il donna son enseignement et ses bénédictions à un nombre incalculable de chercheurs spirituels qui vinrent à lui et cela sans distinction de classe sociale ou de croyance religieuse. C'était un maître de stature christique possédant des pouvoirs miraculeux ; mais c'était aussi un chef de famille ayant des responsabilités professionnelles et il fit ainsi la démonstration que, dans notre monde moderne, on peut avoir une vie idéalement équilibrée en associant la pratique de la méditation à l'accomplissement de ses devoirs quotidiens. La vie de Lahiri Mahasaya est décrite dans *Autobiographie d'un yogi*.

Leçons de la Self-Realization Fellowship. L'enseignement de Paramahansa Yogananda, compilé sous la forme d'un ensemble de leçons par correspondance, accessible à toutes les personnes sincèrement en quête de vérité du monde entier. Ces leçons contiennent les techniques de méditation du yoga enseignées par Paramahansa Yogananda, dont le *Kriya Yoga (voir ce terme)* pour ceux qui remplissent les conditions requises.

Mahavatar Babaji. L'immortel *mahavatar* («grand *avatar*») qui, en 1861, donna l'initiation du *Kriya Yoga (voir ce terme)* à Lahiri Mahasaya et réinstaura ainsi dans le monde l'ancienne technique de salut qui était tombée dans l'oubli. Ce grand être d'une jeunesse éternelle vit depuis des siècles dans l'Himalaya, répandant une bénédiction constante sur le monde. Sa vocation est d'assister les prophètes dans l'exécution de leurs missions particulières. De nombreux titres décrivant sa majesté spirituelle lui ont été donnés, mais le *mahavatar* adopte en général le simple nom de Babaji, du sanskrit *baba*, «père», suivi du suffixe *ji* dénotant le respect. Des informations supplémentaires sur sa vie et sa mission spirituelle sont données dans *Autobiographie d'un yogi*. Voir *avatar*.

maître. Celui qui est parvenu à la maîtrise de soi. C'est aussi une façon respectueuse de s'adresser à son propre guru *(voir ce terme)*.

Paramahansa Yogananda souligna que «les qualifications distinctives d'un maître ne sont pas d'ordre physique, mais spirituel. [...] La preuve que quelqu'un est un maître est fournie uniquement par sa capacité à entrer à volonté dans un état de respiration suspendue (*sabikalpa samadhi*) et par le fait qu'il a atteint la félicité immuable (*nirbikalpa samadhi*)». Voir *samadhi*.

Paramahansaji ajouta: «Toutes les Écritures proclament que le Seigneur a créé l'homme à Son image omnipotente. La maîtrise de l'univers paraît être d'ordre surnaturel, mais, en réalité, un tel pouvoir est inhérent et naturel à quiconque parvient à retrouver "le juste souvenir" de son origine divine. Les hommes ayant ainsi réalisé Dieu [...] sont dépourvus du principe de l'ego (*ahamkara*) et de ses rébellions sous forme de désirs personnels; les actions des véritables maîtres sont accomplies sans effort et en conformité avec *rita*, l'ordre naturel des choses. Comme l'a dit Emerson, tous les grands hommes deviennent "non pas vertueux, mais la vertu même; alors, la finalité de la création a été accompli et Dieu est satisfait". »

mal. La force satanique qui obscurcit l'omniprésence de Dieu dans la création et se manifeste sous la forme de ruptures d'harmonie tant chez l'homme que dans la nature. Terme qui définit au sens large tout ce qui est contraire à la loi divine (voir *dharma*), tout ce qui fait que l'homme perd la conscience de son unité essentielle avec Dieu et qui l'empêche de réaliser à nouveau son unité avec Lui.

Mantra Yoga. Communion divine atteinte par la répétition, dans un état de ferveur et de concentration, des sons de certains mots-racines possédant un potentiel vibratoire bénéfique sur le plan spirituel. Voir *yoga.*

maya. Le pouvoir engendrant l'illusion et inhérent à la structure de la création, qui fait que Celui qui est Un apparaît comme étant multiple. *Maya* est le principe de la relativité, de l'inversion, du contraste, de la dualité, des états opposés, le « Satan » (litt. en hébreu : l'adversaire) des prophètes de l'Ancien Testament ; c'est également le « diable » que le Christ décrivit de manière saisissante comme « un meurtrier » et un « menteur » : « parce qu'il n'y a pas de vérité en lui » (Jean 8, 44).

Paramahansa Yogananda écrivit : « Le mot sanskrit maya signifie "le mesureur" ; c'est le pouvoir magique dans la création par lequel les limitations et les divisions paraissent présentes dans l'Incommensurable et l'Indivisible. *Maya* est la Nature elle-même ; les mondes phénoménaux, en continuels changements transitoires, sont les antithèses de l'Immutabilité divine.

« Dans le plan et le jeu (*lila*) de Dieu, la seule fonction de Satan ou *maya* est d'essayer de détourner l'homme de l'Esprit vers la matière, de la Réalité vers l'irréalité. "Car le diable pèche dès le commencement. Le Fils de Dieu a paru afin de détruire les œuvres du diable" (I Jean 3, 8). Autrement dit, la Conscience christique qui se manifeste en l'homme lui-même détruit sans effort les illusions ou les "œuvres du diable".

« *Maya* est le voile du transitoire dans la Nature, le devenir sans fin de la création ; le voile que tout être humain doit déchirer pour pouvoir contempler le Créateur : l'Immuable sans changement, l'éternelle Réalité. »

méditation. Dans un sens général, c'est la concentration intérieure dans le but de percevoir Dieu. La véritable méditation, *dhyana,* est l'état dans lequel le méditant fait l'expérience consciente de Dieu grâce à sa perception intuitive. Cet état est atteint seulement après avoir complètement stabilisé sa concentration intérieure, permettant ainsi de déconnecter l'attention des sens et de rester totalement impassible aux stimuli du monde extérieur. *Dhyana* est la septième étape du Sentier à Huit Étapes du yoga décrit par Patanjali, la huitième étape étant le *samadhi,* la communion ou l'unité avec Dieu. Voir *Patanjali.*

Mère divine. L'aspect de Dieu actif dans la création ; la *shakti* ou pouvoir du Créateur transcendant. Les autres termes donnés à cet aspect de Dieu sont : *Aum, Shakti,* Saint-Esprit, Vibration cosmique intelligente, Nature ou *Prakriti.* C'est également l'aspect du divin personnifié par la Mère, laquelle est l'expression même de l'amour et des qualités de compassion de Dieu.

Les Écritures hindoues enseignent que Dieu est à la fois immanent et transcendant, personnel et impersonnel. Il peut être recherché comme l'Absolu ; sous la manifestation de Ses qualités éternelles telles que l'amour, la sagesse, la félicité, la lumière ; sous l'apparence d'une *ishta* (déité) ; ou dans un concept tel que le Père céleste, la Mère, l'Ami.

monde astral. La sphère subtile dans la création du Seigneur, un univers de lumière et de couleurs, composé de forces plus fines que les forces atomiques, à savoir de vibrations d'énergie vitale ou biotrons (voir *prana*). Tout être, tout objet, toute vibration du plan matériel possède sa contrepartie astrale, car dans l'univers astral (les cieux), se trouve le schéma directeur de notre univers matériel. Au moment de la mort physique, l'âme de l'homme revêtue d'un corps astral de lumière, monte vers un des plans astraux supérieurs ou inférieurs, en fonction de ses mérites, afin de poursuivre son évolution spirituelle dans ce domaine subtil où la liberté est plus grande. L'être y demeure pour une période prédéterminée par son karma, jusqu'à sa renaissance physique.

monde causal. Derrière le monde physique de la matière (atomes, protons, électrons) et le monde astral subtil de l'énergie vitale lumineuse (biotrons), se trouve le monde causal ou monde des idées, le monde de la pensée (idéatrons). Quand l'homme est suffisamment évolué pour transcender l'univers physique et l'univers astral, il réside dans l'univers causal. Dans la conscience des êtres causals, l'essence de l'univers physique comme aussi de l'univers astral se réduit aux pensées qui les constituent. Tout ce que l'homme physique peut faire en imagination, l'homme causal peut le faire en réalité, la seule limite étant la pensée elle-même. À la fin, l'homme perd la dernière enveloppe de l'âme – son corps causal – pour s'unir avec l'Esprit omniprésent, au-delà de tous les royaumes vibratoires.

œil spirituel. L'œil unique de l'intuition et de la perception omniprésente, situé entre les sourcils au centre christique (*kutastha*) ou chakra frontal (*ajna chakra*). Dans la méditation profonde, le disciple aperçoit l'œil spirituel comme un anneau de lumière dorée encerclant une sphère bleue opalescente avec, en son centre, une étoile blanche à cinq branches. Ces formes et ces couleurs sont un microcosme et représentent respectivement : le domaine de la création vibratoire (la Nature cosmique, le Saint-Esprit) ; le Fils ou l'Intelligence de Dieu présente dans la création (la Conscience christique) ; l'Esprit sans vibration, au-delà de toute création (Dieu le Père).

L'œil spirituel est le chemin d'accès vers les états ultimes de conscience divine. En méditation profonde, à mesure que sa conscience pénètre dans l'œil spirituel, dans les trois domaines représentés, le disciple passe successivement par les états suivants : la superconscience ou la joie toujours nouvelle de la réalisation de l'âme, état d'union avec Dieu à travers l'*Aum (voir ce terme)* ou le Saint-Esprit ; la Conscience christique, l'unité avec l'Intelligence universelle de Dieu dans toute la création ; la conscience cosmique, l'unité avec l'omniprésence de Dieu, à la fois au-delà de la manifestation vibratoire et dans celle-ci. Voir également : *conscience, états de ; superconscience ; Conscience christique.*

Expliquant un passage d'Ézéchiel (43, 1-2), Paramahansa Yogananda écrivit : « À travers l'œil divin situé dans le front, ("l'orient"), le yogi transporte sa conscience dans l'omniprésence et perçoit la Parole, le son *Aum*, la voix "pareille au bruit des grandes eaux" : les vibrations de lumière qui constituent la seule réalité de la création. » Ézéchiel l'exprima en ces mots : « Il me conduisit à la porte, à la porte qui était du côté de l'Orient. Et voici, la gloire du Dieu d'Israël s'avançait de l'Orient. Sa voix était pareille au bruit des grandes eaux, et la terre resplendissait de Sa gloire. »

Jésus parla également de l'œil spirituel : « Lorsque ton œil est unique, tout ton corps est rempli de lumière [...]. Prends donc garde que la lumière qui est en toi ne soit ténèbres » (Luc 11, 34-35).

paramahansa. Titre spirituel désignant un maître *(voir ce terme)*. Seul un véritable guru peut le conférer à un disciple qualifié. *Paramahansa* signifie littéralement « cygne suprême ». Dans les Écritures hindoues, *hansa,* le cygne, symbolise le discernement spirituel. Swami Sri Yukteswar conféra ce titre à son disciple bien-aimé, Yogananda, en 1935.

Patanjali. Éminent représentant du yoga de l'époque ancienne. Ses *Yogas Sutras* définissent les principes de la voie du yoga en la divisant en huit étapes : 1) la conduite morale *(yama)* ; 2) les observances religieuses *(niyama)* ; 3) la posture de méditation *(asana)* ; 4) la maîtrise de la force vitale *(pranayama)* ; 5) l'intériorisation de l'esprit *(pratyahara)* ; 6) la concentration *(dharana)* ; 7) la méditation *(dhyana)* ; 8) l'union avec Dieu *(samadhi)*.

prana. Étincelles d'énergie intelligente, plus subtile que l'énergie atomique, qui constituent la vie, auxquelles les traités des Écritures hindoues se réfèrent collectivement comme *prana* et que Paramahansa Yogananda a traduites comme « biotrons ». Il s'agit, par essence, des pensées condensées de Dieu ; c'est aussi la substance dont est fait le monde astral *(voir ce terme)* ; c'est le principe de vie du cosmos physique. Le monde physique a deux sortes de *prana* : 1) l'énergie vibratoire cosmique qui est omniprésente dans l'univers, le structurant et maintenant toute chose ; 2) le *prana* spécifique, l'énergie qui imprègne et maintient tout corps humain au moyen de cinq courants ou fonctions : le courant *prana* a pour fonction la cristallisation ; le courant *vyana,* la circulation ; le courant *samana,* l'assimilation ; le courant *udana,* le métabolisme ; le courant *apana,* l'élimination.

pranayama. Maîtrise consciente du *prana* (vibration créative ou énergie qui active et maintient la vie dans le corps). La science du *pranayama* du yoga enseigne la manière directe de déconnecter l'esprit des fonctions vitales et des perceptions sensorielles qui lient l'homme à la conscience physique. Le *pranayama* libère donc la conscience de l'homme pour lui permettre de communier avec Dieu. Toutes les techniques scientifiques qui favorisent l'union de l'âme et de l'Esprit peuvent entrer dans la catégorie du yoga, sachant que le *prananyama* est la méthode yoguique la plus efficace pour atteindre cette union divine.

Raja Yoga. La voie « royale », la plus haute de toutes pour parvenir à l'union avec Dieu. Elle enseigne la méditation *(voir ce terme)* scientifique comme le moyen par excellence de réaliser Dieu et inclut les principes essentiels de toutes les autres formes de yoga. Le *Raja Yoga* enseigné par la Self-Realization Fellowship trace un chemin de vie fondé sur les principes de la méditation du *Kriya Yoga (voir ce terme)*, conduisant l'individu à perfectionner l'épanouissement de son corps, de son esprit et de son âme. Voir *Yoga*.

réalisation du Soi. Paramahansa Yogananda définit la réalisation du Soi ainsi : « La réalisation du Soi est la connaissance – dans le corps, dans l'esprit et dans l'âme – que l'on est un avec l'omniprésence de Dieu ; que l'on n'a pas besoin de prier pour qu'elle vienne à nous ; que l'on n'est pas simplement proche de cet état en permanence, mais que l'omniprésence de Dieu est notre omniprésence propre ; que l'on fait tout autant partie de Lui maintenant que l'on fera toujours partie de Lui. Tout ce que nous avons à faire, c'est de perfectionner notre connaissance. »

réincarnation. La doctrine selon laquelle les êtres humains se voient contraints par la loi de l'évolution à s'incarner de façon répétée dans des vies terrestres pour progresser toujours davantage (retardés dans leur évolution par des désirs et des actions nuisibles ou bien avançant rapidement grâce à leurs efforts spirituels) jusqu'à ce qu'ils atteignent la réalisation du Soi et l'union avec Dieu. Après avoir ainsi transcendé les limitations et les imperfections de la conscience mortelle, l'âme est à jamais libérée de l'obligation de se réincarner. « Celui qui vaincra, je ferai de lui une colonne dans le temple de mon Dieu, et il n'en sortira plus » (Apocalypse 3, 12).

respiration. Selon Paramahansa Yogananda : « L'afflux d'innombrables courants cosmiques entrant dans l'homme par la respiration provoque l'agitation dans son esprit. La respiration le relie ainsi avec les mondes phénoménaux éphémères. Pour échapper aux souffrances de ces états transitoires et entrer dans le royaume bienheureux de la Réalité, le yogi apprend à calmer sa respiration au moyen de la méditation scientifique. »

rishis. Voyants, êtres exaltés manifestant une sagesse de nature divine ; plus spécialement, les sages illuminés de l'Inde ancienne qui reçurent la révélation intuitive des Védas.

sadhana. Voie de la discipline spirituelle. Elle comprend des instructions spécifiques et des pratiques de méditation prescrites par le guru pour ses disciples qui, s'ils les suivent fidèlement, atteignent finalement la réalisation de Dieu.

Saint-Esprit. La Vibration cosmique intelligente et sacrée projetée par Dieu dans la création à partir de Sa propre Essence vibratoire afin de structurer et de soutenir la création. C'est la sainte Présence de Dieu, Sa Parole, omniprésente dans l'univers et dans toutes les formes manifestées, le véhicule du parfait reflet de Dieu dans l'univers : la Conscience christique *(voir ce terme)*. C'est le Consolateur, la Mère Nature cosmique, Prakriti *(voir ce terme)*. Voir *Aum* et *Trinité*.

« Saint-Esprit » est synonyme d'« Esprit-Saint », terme utilisé dans certaines versions de la Bible. Tous les deux sont des traductions des mêmes mots grec et hébreu. Le terme *ruach* en hébreu et le terme *pneuma* en grec se réfèrent à un ensemble de concept : esprit, souffle, vent, c'est-à-dire d'une manière générale au principe de vie de l'homme et du cosmos. (De même, le terme latin *inspiratio* signifie l'entrée du souffle aussi bien que l'esprit divin ou créateur ; et le terme sanskrit *prana* désigne le souffle aussi bien que la subtile énergie vitale astrale qui maintient en vie le corps et l'Énergie vibratoire cosmique universelle qui sous-tend et soutient chaque particule de la création.)

samadhi. L'étape la plus haute du Sentier à Huit Étapes du yoga, tel que décrit par le sage Patanjali *(voir ce nom)*. Le *samadhi* est atteint lorsque le méditant, le processus de la méditation (par lequel l'esprit est retiré des sens par intériorisation) et l'objet de la méditation (Dieu) deviennent Un. Paramahansa Yogananda a expliqué que « dans les premiers états de la communion avec Dieu (*sabikalpa samadhi*), la conscience du fidèle se fond dans l'Esprit cosmique ; sa force vitale se retire du corps, qui paraît "mort", ou immobile et rigide. Le yogi est complètement conscient de l'état d'animation suspendue dans lequel se trouve son corps. Cependant, en progressant vers les états spirituels supérieurs (*nirbikalpa samadhi*), il communie avec Dieu, sans immobilisation ou rigidité corporelle, même dans l'état de conscience normal de veille et même lorsqu'il doit accomplir des tâches matérielles exigeantes ». Ces états de *samadhi* sont tous deux caractérisés par l'unité avec la félicité toujours nouvelle de l'Esprit, mais seuls les maîtres les plus évolués spirituellement font l'expérience de l'état de *nirbikalpa*.

Sanatana Dharma. Littéralement « religion éternelle ». Le nom donné au corpus d'enseignements védiques qui finit par être appelé l'hindouisme après que les Grecs eurent désigné les peuples des bords de la rivière Indus comme étant les *Indous* ou *Hindous*. Voir *dharma*.

Satan. En hébreu, littéralement « l'adversaire ». Satan est la force universelle indépendante et consciente qui maintient tout et tout le monde dans l'erreur, avec la conscience non spirituelle de la finitude et de la séparation avec Dieu. Pour accomplir cela, Satan utilise les armes de *maya* (l'illusion cosmique) et d'*avidya* (l'illusion individuelle, l'ignorance). Voir *maya*.

Self-Realization Fellowship. L'organisation religieuse internationale et non sectaire fondée par Paramahansa Yogananda aux États-Unis en 1920 (et en Inde en 1917 sous le nom de « Yogoda Satsanga Society of India ») pour répandre dans le monde entier les principes spirituels et les techniques de méditation du *Kriya Yoga* et pour promouvoir parmi les peuples de toutes races, cultures et croyances religieuses une plus grande compréhension de l'unique Vérité qui sous-tend toutes les religions. (Voir « Buts et idéaux de la Self-Realization Fellowship », page 140.)

Paramahansa Yogananda expliqua que le nom *Self-Realization Fellowship* signifie « communion avec Dieu à travers la réalisation du Soi et amitié avec tous ceux qui cherchent la Vérité. »

Depuis son siège international, établi à Los Angeles en Californie, l'organisation publie les écrits, les conférences et les propos informels de Paramahansa Yogananda – dont la série complète de ses *Leçons de la Self-Realization Fellowship* destinées à être étudiées à domicile et la revue, *Self-Realization*, qu'il fonda en

1925; elle produit également des enregistrements audio et vidéo des enseignements de Paramahansa Yogananda. L'organisation supervise aussi les activités de ses temples, retraites, centres de méditation, programmes pour les jeunes et dirige les communautés monastiques de l'Ordre de la Self-Realization; elle organise des séries de conférences et de cours dans de nombreuses villes du monde entier; et coordonne le Cercle de Prière mondial, composé de groupes et d'individus qui se consacrent à prier pour ceux qui ont besoin d'aide sur le plan physique, mental ou spirituel, comme pour la paix et l'harmonie dans le monde.

Soi. Avec un « S » majuscule, désigne l'*atman,* ou l'âme, par opposition au « soi » ordinaire qui est la personnalité humaine ou l'ego *(voir ce terme).* Le Soi est l'Esprit individualisé, dont la nature essentielle est Félicité toujours existante, toujours consciente et toujours nouvelle. La méditation permet de faire l'expérience de ces qualités divines qui sont propres à l'âme.

son cosmique. Voir *Aum.*

Sri. Titre de respect. Lorsqu'il est utilisé devant le nom d'un religieux, il signifie « saint » ou « révéré ».

Sri Yukteswar, Swami. Swami Sri Yukteswar Giri (1855–1936), le *Jnanavatar* de l'Inde, « Incarnation de la Sagesse » ; guru de Paramahansa Yogananda et *paramguru* des membres *Kriyabans* de la Self-Realization Fellowship. Sri Yukteswarji était un disciple de Lahiri Mahasaya. À la demande du guru de Lahiri Mahasaya, Mahavatar Babaji, il écrivit *La Science sacrée,* un traité sur l'unité sous-jacente des Écritures chrétiennes et hindoues, et forma Paramahansa Yogananda pour le préparer à sa mission spirituelle mondiale : la dissémination du *Kriya Yoga (voir ce terme).* Paramahansaji a décrit la vie de Sri Yukteswarji avec affection dans son livre *Autobiographie d'un yogi.*

superconscience. La conscience pure et intuitive de l'âme, percevant toute chose et éternellement bienheureuse. Ce terme est parfois utilisé dans un sens général pour se référer aux différents états de *samadhi (voir ce terme)* expérimentés dans la méditation, mais c'est plus spécifiquement le premier état du *samadhi* dans lequel le méditant transcende la conscience de l'ego et réalise qu'il est l'âme, faite à l'image de Dieu. Viennent ensuite les états supérieurs de réalisation : la conscience christique, puis la conscience cosmique *(voir ces termes).*

Trinité. Quand l'Esprit manifeste la création, Il devient la Trinité : Père, Fils, Saint-Esprit ou *Sat, Tat, Aum.* Le Père *(Sat)* est Dieu en tant que Créateur existant au-delà de la création (la Conscience cosmique). Le Fils *(Tat)* est l'Intelligence omniprésente de Dieu existant dans la création (la Conscience christique ou *Kutastha Chaitanya).* Le Saint-Esprit *(Aum)* est le pouvoir vibratoire de Dieu qui Se réifie ou devient la création.

Védas. Les quatre textes des Écritures hindoues : le Rig Véda, le Sama Véda, le Yajur Véda et l'Atharva Véda. Ces textes littéraires sont essentiellement constitués de chants, de rituels et de récitations destinés à vitaliser et à spiritualiser toutes les phases de la vie et de l'activité humaine. Parmi les innombrables textes de l'Inde, les Védas (de la racine sanskrite *vid*, « savoir ») sont les seuls écrits qui ne sont attribués à aucun auteur. Le Rig Véda confère une origine céleste aux hymnes et nous dit qu'ils nous sont venus des « temps anciens », revêtus d'un langage nouveau. Redonnés d'une époque à l'autre par révélation divine aux *rishis*, aux « voyants », les quatre Védas sont dits posséder *nityatva*, « une finalité en-dehors du temps ».

Vibration cosmique intelligente. Voir *Aum*.

Yoga. Du sanskrit *yuj*, « union ». La signification la plus élevée du terme yoga dans la philosophie hindoue est celle de l'union de l'âme individuelle avec l'Esprit à travers des méthodes scientifiques de méditation. Dans le large éventail de la philosophie hindoue, le yoga est l'un des six systèmes orthodoxes : le *Vedanta*, le *Mimamsa*, le *Sankhya*, le *Vaisesika*, le *Nyaya* et le *Yoga*. Il existe également différents types de yoga selon les méthodes : le *Hatha Yoga*, le *Mantra Yoga*, le *Laya Yoga*, le *Karma Yoga*, le *Jnana Yoga*, le *Bhakti Yoga* et le *Raja Yoga*. Le *Raja Yoga*, le yoga « royal » ou complet, est celui qui est enseigné par la Self-Realization Fellowship et dont Bhagavan Krishna chanta les louanges à son disciple Arjuna dans la Bhagavad Gita (VI, 46) : « Le yogi est considéré plus grand que l'ascète qui discipline son corps, plus grand même que ceux qui suivent le sentier de la sagesse ou le sentier de l'action ; toi, ô Arjuna, sois un yogi ! » Le sage Patanjali, la plus éminente figure du yoga, a défini huit étapes distinctes par lesquelles le *raja yogi* parvient au *samadhi* ou l'union avec Dieu. Ce sont : 1) *yama*, la conduite morale ; 2) *niyama*, les observances religieuses ; 3) *asana*, la posture correcte ; 4) *pranayama*, la maîtrise du *prana*, des courants vitaux subtils ; 5) *pratyahara*, l'intériorisation, le retrait des sens des objets extérieurs ; 6) *dharana*, la concentration ; 7) *dhyana*, la méditation ; et 8) *samadhi*, l'expérience superconsciente ; l'union avec Dieu.

yogi. Pratiquant du yoga *(voir ce terme)*. Quiconque pratique une technique scientifique pour parvenir à la réalisation divine est un yogi. Il peut être marié ou célibataire, avoir des responsabilités dans le monde ou être lié par des vœux religieux.

Yogoda Satsanga Society of India. Nom sous lequel l'organisation de Paramahansa Yogananda est connue en Inde. Il créa cette organisation en 1917. Son siège, Yogoda Math, est situé sur les rives du Gange à Dakshineswar, près de Calcutta. La Yogoda Satsanga Society possède une annexe à Ranchi dans le Jharkhand (anciennement le Bihar) et de nombreux centres. En plus de ses centres de méditation disséminés dans l'Inde entière, la Yogoda Satsanga Society possède vingt-deux établissements scolaires, de l'enseignement primaire jusqu'à l'université. *Yogoda,* un mot inventé par Paramahansa Yogananda, est dérivé de *yoga*, « union, harmonie, équilibre » et de *da,* « qui transmet ». *Satsanga* est composé de *Sat,* Vérité, et de *sanga,* amitié. Pour l'Occident, Paramahansaji traduisit ce nom indien par « Self-Realization Fellowship » *(voir ce nom).*

INDEX

TABLE DES MATIÈRES

Troisième partie: Jésus et le yoga de l'amour divin